播音与主持艺术专业"十四五"规划教材

主持人思维训练教程

第三版

翁　如◎编著

ZHUCHIREN SIWEI
XUNLIAN JIAOCHENG
[DI-SAN BAN]

播音与主持艺术专业训练教材

中国传媒大学出版社
CUCP
·北京·

图书在版编目(CIP)数据

主持人思维训练教程 / 翁如编著. -- 3 版. -- 北京:中国传媒大学出版社, 2024.6
(播音与主持艺术专业"十四五"规划教材　播音与主持艺术专业训练教材)
ISBN 978-7-5657-3485-4

Ⅰ. ①主…　Ⅱ. ①翁…　Ⅲ. ①主持人—语言艺术—高等学校—教材　Ⅳ. ①G222.2

中国国家版本馆 CIP 数据核字(2023)第 185169 号

主持人思维训练教程(第三版)
ZHUCHIREN SIWEI XUNLIAN JIAOCHENG(DI-SAN BAN)

编　　著　翁　如
策划编辑　赵　欣
责任编辑　赵　欣
封面设计　拓美设计
责任印制　李志鹏

出版发行　中国传媒大学出版社
社　　址　北京市朝阳区定福庄东街 1 号　　邮　　编　100024
电　　话　86-10-65450528　65450532　　传　　真　65779405
网　　址　http://cucp.cuc.edu.cn
经　　销　全国新华书店

印　　刷　三河市东方印刷有限公司
开　　本　787mm×1092mm　1/16
印　　张　黑白 11.25　彩插 1
字　　数　206 千字
版　　次　2024 年 6 月第 3 版
印　　次　2024 年 6 月第 1 次印刷

书　　号　ISBN 978-7-5657-3485-4/G · 3485　　定　　价　45.00 元

本社法律顾问:北京嘉润律师事务所　郭建平

▲ 图 1　桑德罗・波提切利作品《维纳斯的诞生》，1487 年作

▲ 图 2　桑德罗・波提切利作品《春》，1481 年作

◀图3　列奥纳多·达·芬奇作品《蒙娜丽莎》，1503—1505年作

▲图4　乔尔乔内作品《暴风雨》，1476—1510年作

▲图5　埃尔·格列柯作品《托列多风景》，1608年作

▶ 图 6　阿尔布雷希特·丢勒作品《自画像》(正面)，1500 年作

▲ 图 7　彼得·勃吕盖尔作品《农民的婚礼》，1565 年作

▲ 图 8　迭戈・委拉斯开兹作品《纺织女》，1657 年作

▲ 图 9　迭戈・委拉斯开兹作品《卖水的老人》，1619 年作

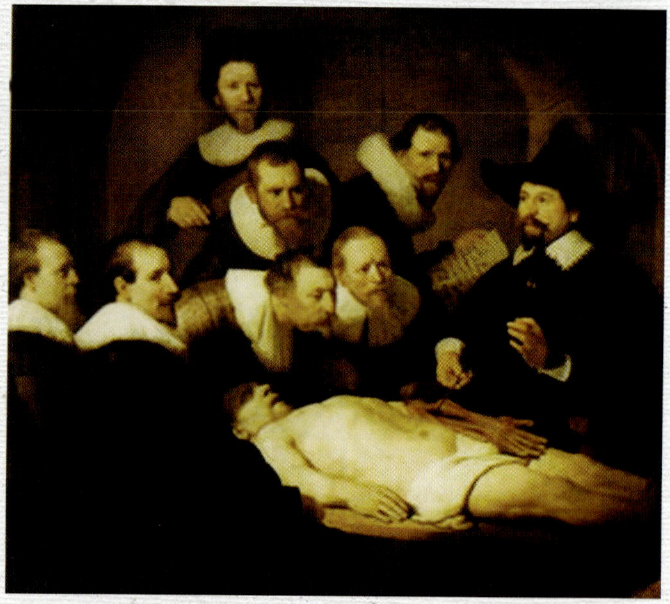

▲ 图 10　伦勃朗・哈尔曼松・凡・莱因作品《杜普教授的解剖课》，1632 年作

▲图 11　伦勃朗·哈尔曼松·凡·莱因作品《夜巡》，1642 年作

▲图 12　约翰内斯·维米尔作品《倒牛奶的女仆》，1658 年作

▲图 13　弗朗索瓦·布歇作品《维纳斯的凯旋》，1740 年作

▲ 图 14　雅克·路易·达维特作品《荷拉斯兄弟誓言》，1784 年作

▲ 图 15　弗朗索瓦·米勒作品《晚钟》，1858—1859 年作

▲ 图 16　居斯塔夫・库尔贝作品《石工》，1849 年作

▲ 图 17　克劳德・莫奈作品《日出・印象》，1872 年作

▲ 图 18　克劳德・莫奈作品《睡莲》，1908 年作

▲ 图 19　保罗・塞尚作品《圣维克多山》，1904 年作

▲ 图 20　文森特・梵高作品《星月夜》，1889 年作

▲ 图 21　文森特・梵高作品《向日葵》，1888 年作

▲ 图 22　文森特・梵高作品《乌鸦群飞过麦田》，1890 年作

▲ 图 23　保罗・高更作品《我们从哪里来？我们是谁？我们往哪里去？》，1897 年作

▲ 图 24 古斯塔夫·莫罗作品《俄狄浦斯与斯芬克斯》，1864 年作

▲ 图 25 奥迪隆·雷东作品《独眼巨人》，1895—1900 年作

▲ 图 26　爱德华·蒙克作品《呐喊》，1893 年作

▲ 图 27　亨利・马蒂斯作品《红色的和谐》，1903 年作

▲ 图 28　亨利・马蒂斯作品《舞蹈》，1909—1910 年作

▲ 图 29　巴勃罗・毕加索作品《亚威农少女》，1907 年作

▲ 图 30　巴勃罗・毕加索作品《哭泣的女人》，1937 年作

▲ 图 31　巴勃罗·毕加索作品《格尔尼卡》，1937 年作

▲ 图 32　贾科莫·巴拉作品《散步·链子上的狗》，1912 年作

◀ 图 33　萨尔瓦多·达利作品《内战的预感》，1936 年作

◀ 图 34　安迪·沃霍尔作品《玛丽莲·梦露》，1964 年作

目 录

第三版修订说明

近几年,新媒体快速发展,媒体融合创新成效显著,但"内容为王"依然是不变的黄金法则。主持人如何适应媒体融合发展带来的变化、如何促进节目质量的提升,仍是"主持人思维课"探索的课题。

本书第一版于2007年出版,第二版于2018年出版。在第三版的修订中,我们用"媒体融合与语言表达"替换了"社会问题评述",强调知识与时代的结合、知识与社会的结合、知识与市场的结合,加强学生步入社会之后的动手能力,着重培养学生应对新工作的灵活性、适应性及创新性。本书其他单元也做了不同程度的调整、修改,更新了部分学生作业例稿,同时对全书文字再次进行加工和润色。

感谢余乐、韩辉、赵佳俏、吴艳玲、孙晨等青年教师参与修订工作!感谢你们热情积极的协作!

第三版的修订出版得到了四川电影电视学院领导的关心和支持,在此由衷地表示感谢!

本次修订还会存在疏漏之处,恳请广大读者提出宝贵意见,以便下次修订予以改进。

翁如

2024 年 6 月 6 日

第二版修订说明

本书出版以来,受到广大读者的关注和好评。使用该教材的老师和学生以及传媒界的读者给予一些使用反馈。有些读者认为,本书涉及不同门类的知识点较多,备课比较困难。对于这个问题,建议您参考与西方艺术史、西方美术史、世界地理、中国地理、世界历史、中国历史等相关的权威书籍。还有些读者认为,有些章节学生作业例稿较少,我们在第二版中增加了部分例稿,以满足广大读者的需求。

第二版修订,我们着重对理论概要进行梳理,对思维、语言表达、形象思维、想象、逻辑思维、逆向思维、发散思维等名词做了更为严谨的解释。对学生作业例稿进行了精心的润色和细致的修改。

第二版部分学生作业例稿的收集和整理工作由刘婷、余乐、韩辉、肖玉婷、王硕、陈浪共同完成。

本书例稿是学生作业,水平参差不齐。有些作业虽然粗糙,但较有特色,可供参考,也被选在其中。从我们的教学实践来看,各班学生完成的同一题材的作业在表达上均有所不同。即使同一个班的学生,也没有完全相同的作业。正是因为每个人的思维角度不同,表达方法不同,才有了这些生动的作业。在教学实践中,涌现很多通过即兴口语表达完成的优秀作业,我们无法一一记录,这里收集到的部分作业,只是抛砖引玉而已。学生作业例稿仅供参考,使用者不需对其死记硬背,相信自己通过思维的训练,一定能即兴组织出别具特色的口语表达作业。

前　言

21世纪我国进入信息化时代。在我国由工业化社会向信息化社会转型过程中,人们从对有形资源的关注和占有,转变为对无形资源的利用和开发。信息和知识拥有量越大,创新能力越强;相反,信息和知识拥有量越小,创新能力越弱。思维定式的桎梏,也影响着人们的创新能力。

为了适应社会的发展,满足时代的需求,激发学生的创新能力,我们开设了“主持人思维训练”课程,并用于播音与主持艺术专业的教学。这门课程从开设至今,得到四川电影电视学院(原四川师范大学电影电视学院)领导的高度重视和鼎力支持。教学团队在实践中大胆尝试和探索,总结出一套训练方法。多年教学实践证明,它不仅对培养具有采、编、播能力的主持人是有效的,而且对其他专业人士的创新能力的开发也是有一定作用的。

知识是思维的基础,没有知识就没有思维的广度和深度,也不会有出色的语言表达。所以,该课程让学生掌握绘画、历史、地理、社会等各学科的部分知识点,并用于思维训练和语言表达中,从而增加学生的知识储备,开拓学生的思维空间。

本教材由教学实践成果整理而来,理论体系尚需进一步探索。本教材存在错漏在所难免,请各位专家和读者不吝赐教,批评指正!欢迎心理学、逻辑学等相关学科的专家加入主持人思维训练的研究中,使这门课程拥有更加系统的理论体系和更加科学的训练方法。

第一单元　思维的概念

第一部分　理论概要

一、什么是思维

思维是人脑对客观现实概括性、规律性、间接性的反映。感觉、知觉只能反映事物的个别属性，思维则能反映一类事物的本质和事物间的联系。例如，通过感觉、知觉，能感知不同的笔；而通过思维，我们可以把所有的笔的属性概括成“书写的工具”。这就是思维的概括性。又如，苏轼的词中所写：“人有悲欢离合，月有阴晴圆缺，此事古难全。”这句话体现了一代大文豪看待人生的通透豁达，这种智慧就是来自他透过月亮的运行规律，进一步产生了对生命规律的思考。这就是思维的规律性。再如，我们看见消防车鸣响着在大街上飞驰，所有车辆给它让路，通过思维我们得出“有一个地方失火了”的结论。实际上我们并没有第一时间看到火灾现场，但思维给了我们间接的反映和准确的判断。这就是思维的间接性。由于思维具有概括性、规律性、间接性的特点，人们可以借助思维，从个别看到一般、从现象看到本质、从偶然看到必然、从现在预见未来。

二、思维和语言的关系

其一,思维和语言是紧密相连的。凡掌握了语言的人,都需要借助语言进行思维。例如,当我们早上要出门的时候,看到是阴天,于是我们就会想,是带伞还是不带伞呢?也许不会下雨吧,可要是下雨了又怎么办呢?诸如此类,都是人们借助心理语言进行思考判断。其二,词汇、语法的规则是思维的结果,是思维逻辑化的表现。例如,我们会说"我要吃饭",而不会说成"饭要吃我"。其三,语言是思维的物质外壳,是思维的直接体现。人们将自己的所思所想通过语言来进行传达,从而达到目的。

三、思维和语言的特点

1. 思维的特点

(1)思维是观念,是客观事物在人脑里留下的概括形象。

(2)思维与客观事物有着紧密和必然的联系。例如,当我们看到大山时,会想到"厚重、巍峨";当我们看到海时,会想到"浩瀚、博大"。思维与客观事物是反映与被反映的关系。

(3)思维的基本单位是"概念"。思维反映客观事物的本质特征,把客观事物的共性概括成概念。如,红花、红绸、红酒,它们的共性是"红";"红"是喜庆、热烈的颜色。

(4)思维具有共通性。也就是说,无论哪个民族、哪个国家的人,都有共同的对主客观存在的思考、判断和推理。

(5)思维是人对现实的概括性、规律性、间接性的反映。

2. 语言的特点

(1)语言是物质,声音本身就是物质。

(2)语言与客观事物没有直接和必然的联系,只是标志与被标志的关系。例如,一个人小时候叫"张三",长大后也叫"张三";如果他当初叫"张五",以后也就叫"张五"。语言只是人类赋予客观事物的符号。

(3)语言的基本单位是词。如,“我走”——“我”是名词,“走”是动词。每一句话都是由不同的词语组成的。

(4)语法结构的民族性。不同的民族有不同的语言和不同的语法结构。例如,汉语的“早上好”翻译成英语就是“Good morning”(好早上)。

(5)语言是表达思想的工具、思维的工具、交流的工具,是人与人之间沟通的工具。

四、思维活跃的意义

人的思维活动,是人的认知过程的高级阶段,是在感性认识的基础上形成概念,并运用概念进行判断和推理的过程。活跃的思维,有利于提高人们的认知能力、记忆能力和思考判断能力,可以使人们的想象力更丰富;有利于人们对无序的事物进行合乎逻辑的排列组合,使原本混乱的事物变得有序;有利于提高人们的内部语言编码能力和外部语言表达能力。

观察力是人们认识生活的窗口,记忆力是知识的储存,思考力是对事物的辨别和判断,想象力是对直接经验和间接经验的重新分解组合,实践力是理念转化成物质的凭借。而活跃的思维,就是一切的中心和动力,是创造力的起点和终点。

总之,活跃的思维能让人们对事物迅速作出评估、选择、决断,进而更具个性化地认识生活、改变生活、创造更美好的生活。

第二部分　教学内容及同步练习

请举例说明思维的概括性、规律性、间接性。

第三部分　教学目的与要求

(1)明确思维的概念,理解思维活跃的意义。

(2)为了加深学生对概念的理解,可让学生发表自己的看法并举例说明。

(3)让学生展开各种奇思妙想,鼓励学生标新立异、敢破敢立、敢想敢说。即使是谬误,教师也应注意方式方法,善意引导,保护学生的自尊心、自信心。

第二单元　语言表达能力训练

第一部分　理论概要

语言是思维的工具,而良好的语言表达能力是主持人必备的素质。人们利用“语言”这一工具表达思想,进行传播和交流,这些行为被称为语言表达。

对于主持人来说,语言表达极为重要。因为语言是主持人完成信息传播的重要手段。主持人的语言不是书面语言,也不是台词语言,更不是完全生活化的语言,它是在生活语言基础上形成的动作性更强、更具有表现力和影响力的语言。因此,主持人进行语言表达能力的训练是非常必要的。

第二部分　教学内容及同步练习

一、单字练习

练习内容:“啊”“哦”“噢”“咦”“谁”“你”“我”“他”等。

训练方法:要求学生用一个字音的不同声调和语气来表达多种心理动作及情感;要求学生的声调和语气与试图表达的内容完全吻合,做到表达到位、心声合一。训练开始时,允许学生借助手势帮助自己表达内容,逐渐要求把手势等一切表演手段去掉,仅用声音表达。还可要求学生尽量寻找、挖掘生活中可以用单字表达的内容。如让学生站成一排,每人用同一个字表达不同的心理活动和情感,不能重复,反复多次训练。这一练习在训练学生语言表达的同时,也能训练其反应能力。

以上训练有助于学生初步感觉语言的色彩、内涵和表现力。在此基础上,可要求学生每人做一定数量的单字练习,用一个字表达不同情境中的喜、怒、哀、乐。

二、二字练习

练习内容:"不行""你走""我不""快跑"等。

训练方法:除了单字练习的所有要求外,还要求学生通过调整重音的变化,表达与字面完全相反的意思。

三、三字练习

练习内容:"不是他""我想走""我恨你""你怕他"等。

训练方法:要求学生除用不同语调、不同重音外,还要利用不同的停顿表达比较复杂的情感,内容越丰富、情感越细腻越好。之后,字数可以逐渐增多。

四、整句练习

练习内容:请学生们站成一排,第一位学生即兴说一句话(如"读书真是一件让人享受的事"),然后第二位学生用同样的话表达不同的意思、不同的情感,依次进行,不能重复,反复进行。

训练方法:第一位学生即兴说一句话,第二位学生听懂后,回一句话;第三位学生用第一位学生同样的话,改变语气、语调或重音等,表达不同的意思,第四位学生听懂后,回一句话;依次类推。如,第一位学生说:"读书真是一件让人享受的事!”第二位学生回:“的确很享受!”第三位学生说:“读书真是一件让人享受的事?”第四位学生回:“不知道是不是。”……

开展这个练习时,第一位学生需表达准确,否则第二位学生就无法回话;如果第二位学生回答不准确,第一位学生应给予纠正。学生要注意语言表达的准确性。

五、命题练习

练习内容:进行简短的语言表达训练,如“亲人”“拉犁”“故乡”“相逢”“高山”“小溪”“希望”等。

训练方法:要求学生不写稿子,即兴组织语言,表达自己听到命题时的即时反应,不能有重复的表达。教师要帮助学生选择词汇,进行准确的表达。经过反复训练,每个学生需完成三篇以上较完整的短篇口述。

第三部分　教学目的与要求

思维与客观事物是反映与被反映的关系。面对同一事物,人们常常会作出不同的反应。主持人将这些反应在头脑中迅速解码,转换成语言向受众传播。本单元的学习可锻炼学生的反应能力,以及迅速进行语言表达的能力。学生的作业不一定精辟深刻,但应流畅清晰、短小精悍。学生熟练掌握表达方法后,可以适当增加更具形象性的表达内容。

第四部分　学生作业例稿

命题练习

1. 相逢

我向前走着,远远的地平线上,突然出现了他。我们对视着越走越近,我的心急剧地跳动……我们擦肩而过,什么也没有说。在我回头看他的一刹那,他也在回头看我。然后,我们又各自朝前走着,不再回头……错过的不会再回来,也许这就是今生唯一的一次相逢,留在我心中的,只有永久的遗憾。

2. 家乡

爬不完的坡坡坎坎,数不清的座座山峦,穿不透的层层迷雾,吃不够的麻辣火锅……

这就是中国最年轻的直辖市——重庆,我的家乡。

重庆是一个“火爆”的城市。一切刺激、火爆的事物在这里都受到欢迎。重庆人爱看足球、爱吃火锅、爱大声吆喝、爱大碗喝酒,重庆人敢说敢做、敢爱敢恨、敢拼敢闯。重庆人的血液就像注入了烈酒,处处透着豪爽。

“敢同魔鬼争高下,不向霸王让半分。”这就是重庆人的性格。

3. 父亲

我父亲是经历过战争的人。他个性强,对人严厉,讲究礼法,所以我在童年时很怕他。

那时,我不喜欢周末。因为周末要和父亲一起吃饭,每次吃饭都要受他的训斥。比如碗的拿法、筷子的使用、左手应放的位置……每次跟他一起吃饭,我都没有吃饱的感觉,也没有吃舒服的感觉。

有一天,我又被父亲训斥了,当时我憋了一肚子气,就顶了他一句:“麻烦!”然后,转身逃跑,一口气跑到二楼我自己的房间里。没想到父亲竟追到了我房间,不仅对我继续痛骂,还狠狠揍了我一顿。

从此,我更不敢惹怒父亲,真是从心底里怕他。但后来发生一件事情,父亲的态度出乎我的意料,从而改变了我对他的看法。

那时,我家养了一条狗,我特别爱那条狗。后来,可爱的小狗生病死了,于是我们一家人一起去动物墓地为它送葬。当火葬炉开始移动的时候,我哭了,我再也不忍心去看。就在我转过头去的一刹那,我忽然看见父亲的泪水。我十分惊奇,瞪大了眼睛看着父亲……这是我唯一一次看见他掉泪。这时,我发现他原来是慈祥的。是的,他原来是那样地慈祥!

现在,父亲年纪大了,还有了一个孙女。在家中经常能听到他和孙女大声说笑,此刻,父亲更显得和蔼可亲了。

童年时代父亲对我那么严厉,其实是希望我成才。过去严厉的父亲变成了今天慈祥的父亲,偶尔浮现的儿时情景早已变成我心中愉快的回忆。

第三单元　形象思维与语言表达

第一部分　理论概要

形象思维是以直观形象和表象为支柱的思维。形象思维能力是指对事物形象进行捕捉、记忆,并运用形象在人脑中形成的表象进行思考判断的能力。这种能力可以通过训练加以提高。

现代认知心理学家认为,表象是人们在头脑中以形象的形式对物体进行操作和加工,是物体不在眼前时关于物体的心理复现。由于事物表象具有不稳定的特点,所以我们要力求获得对该事物稳定而深刻的认识。我们对事物的运动变化及本质了解得越深刻,规律性把握得越准确,对它认识的稳定性就越高。

首先,我们要对自己熟悉的、深刻感受过的、认识上具有稳定性的事物进行反思反馈。对于生活中熟悉的事物,我们的头脑中会产生比较清晰的图像,也叫心像。我们在叙述事物之前,要先在内心看见它们:不仅看见其正面,还要看见其不同侧面;不仅看到其静态,还要看到其动态;不仅看到其总体,还要看到其局部;不仅看到其表面,还要看到其本质和核心;不仅看到其过去,还要看到其未来。这样才能获得对该事物较透彻的、具有稳定性的认识,记忆才深刻,在此基础上才会有真实的内心体验,并产生鲜明的态度。

形象思维越活跃,语言越有色彩;形象思维越清晰,语言越生动,越有感染力和冲击力。

形象思维活跃的人，语言表达能力不一定很强；语言表达有条理的人，形象思维能力也不一定很强，这就需要用一定方法进行调整和训练。

形象思维活动和其他形式的思维活动是不能截然分开的，它们往往是互相渗透、互相作用、相辅相成的。

第二部分　教学内容及同步练习

一、绘画描述练习

(1)简明扼要地介绍欧洲艺术起源，包括古埃及艺术、古希腊艺术、古罗马艺术、中世纪艺术和文艺复兴。

(2)观看佛罗伦萨画派代表、意大利肖像画的先驱桑德罗·波提切利的作品《维纳斯的诞生》(见图1)、《春》(见图2)，即兴组织语言进行表达。

二、历史描述练习

以三皇五帝、夏、商、西周时期的政治、经济、文化、人物为主题进行即兴口述练习。

三、音乐感触描述练习

播放一段音乐，让学生在聆听的过程中寻找内心视像，调用形象思维展开想象，并组织语言进行即兴表达。

四、说物练习

根据笔、手表、笔记本、眼镜、文具盒等小物件的形象特点，即兴组织语言进行表达。

五、课后作业

选择最喜爱或印象最深刻的物品进行表达。

第三部分　教学目的与要求

该单元主要锻炼学生分析、判断、思考问题的能力,以及形象思维能力和语言表达能力。在训练中应注意以下几点。

(1)要求学生认真观察事物,抓住形象的主要特征,经过思考判断得出结论。

(2)在学生叙述时,教师要帮助其捕捉形象最主要的特征,使其语言表达准确、清晰、有条理。

(3)启发学生找到与表述对象的情感连接点,引起学生的情感共鸣。

(4)让学生通过事件来树立形象、表达形象。

(5)语言表达要简洁,具有逻辑性,否则会出现思路不清、中心不明、语言杂乱、不知所云、无法收场的情况。

(6)开始训练时,允许学生写三到五句提纲;之后逐渐去掉提纲,直至学生能够完全即兴口述。

(7)选材要有新意,尽量不要选一般化的、众人皆知的内容。要求学生每人作业的主题不能相同。

第四部分　学生作业例稿

一、绘画描述练习

1. 桑德罗 · 波提切利作品《维纳斯的诞生》

看到桑德罗 · 波提切利的这幅传世名画,有人会注意维纳斯的曲线之美，有人会注意春神的服饰之美，也有人会注意风神和花神的动感之美。而我注意到的是维纳斯脚下踩着的坚硬的贝壳。这贝壳纹路清晰，光芒四射，与珍珠一般的维纳斯相映生辉！

关于维纳斯的诞生有两种说法：一种认为她是从海水泡沫中诞生的，意味着爱与美只是瞬间即逝的泡沫；另一种则认为维纳斯的母体是海上的贝壳。很显然，波提切利选择了后者。因为他认为美和爱都不是一蹴而就的，要经历不断地磨砺。

虽然贝壳在海底要经过海水的打磨，到达陆地要经过日晒雨淋，但我们会发现它所孕育的不再是那颗不起眼的沙粒，而是光芒四射的珍珠维纳斯。我们赞美维纳斯，不只是因为她的外表，而是她经历了磨难之后所产生的内在之美；我们更赞美贝壳，它为了塑造美，忍受痛苦，日复一日，默默无闻地付出，最终成就了晶莹无瑕的珍珠。

2. 桑德罗 · 波提切利作品《维纳斯的诞生》

《维纳斯的诞生》画面色彩清新秀丽，画家波提切利用他的画笔向我们展示了爱与美之神维纳斯从爱琴海浮出水面的情景。画面左上角有风神、花神吹送维纳斯靠岸，而右边的春神准备为维纳斯披上锦衣，空中漫天飞舞着美丽的花瓣，温馨而浪漫。风神、花神与春神形成了一条对角线，生动而又自然，增加了画面的动感。维纳斯体态丰满，线条优美，脸上的表情十分安然。

画面上一个个人物栩栩如生地展现在我们面前。这些人物都是神话中的人物，然而神的形象却出自大师波提切利之手。唯美的画面让我们惊叹，而更让我们惊叹的是画家巧夺天工的妙笔创造了神的形象。人的创造力是无穷无尽的，只要有创造力，崭新的、美好的事物就会源源不断地呈现在世人眼前。

3. 桑德罗 · 波提切利作品《维纳斯的诞生》

大海孕育了生命，也孕育了美。

《维纳斯的诞生》画面唯美，富有诗意。维纳斯在风神、花神和春神的簇拥下，从爱琴海中诞生。她金发披肩，肌肤光洁细腻，眼神温柔，站在贝壳之上,如同一颗洁白晶莹的珍珠。

传说维纳斯的母体是海里的贝壳。贝壳在古罗马象征着权威,所以贝壳衬托了维纳斯的圣洁和高贵。然而,每颗珍珠最初都是一粒平凡的细沙,是贝壳将沙砾放在怀里,经过千万年的孕育,才有了美丽的珍珠。

维纳斯的光华和珍珠一样,原本也来自平凡。当平凡经历了磨砺,才有了最终的圣洁和高贵。

4. 桑德罗 · 波提切利作品《维纳斯的诞生》

画中圣洁美丽、体态婀娜的维纳斯是最吸引人的。她脚下是坚硬的贝壳,说明她来自贝壳之中,是在粗糙的贝壳皱褶中磨砺出来的。还有一种说法,维纳斯的诞生源于一场血腥的战斗,她是于乌拉诺斯被切割的肢体激起的浪花中诞生的。这说明美丽需要付出代价,有时甚至需要流血牺牲,用生命换取。

你惊羡他人头顶的光环,但你是否想过光环背后的磨炼?所以,迈开你的脚步,勇敢地去拼搏!

5. 桑德罗 · 波提切利作品《春》

"冬天已经来了,春天还会远吗?"桑德罗 · 波提切利的《春》让我在寒冬中感到春的暖意与芬芳。

整幅画色彩柔和清新,其中,维纳斯端庄秀美,丘比特顽皮可爱,左侧的女神们婀娜多姿、舞姿翩翩,右侧的风神吹着徐徐的春风,花神呼出的香气变成了朵朵鲜花,而春神则将花朵抛撒于人间,使得人间姹紫嫣红,春意盎然。

在画面的最左侧,有一个身披红袍、佩带宝剑的少年,他是信使墨丘利。他背对着起舞的众神,右手高举神杖,驱散寒冬的阴云。他的眼神专注地看着神杖顶端,融融春光、缕缕春风,都没有分散他的注意力;而正是他的执着使阴云散去,大地恢复了生机。人们往往只关注众神的美丽与风采,而忽视了角落里的他。

这幅画的背景是文艺复兴时期,当时的艺术家们充当了春天信使墨丘利的角色。作为先锋,他们冲破了中世纪的黑暗,打开了人们精神的枷锁,为人世间带来了人文主义的春天。

任何新生事物都会遭到挫折和摧残。但敢于顶住风雨、勇敢面对、努力驱散阴云的人，都是伟大的。

6. 桑德罗·波提切利作品《春》

画中处于中心位置的是维纳斯和丘比特，维纳斯是美神，丘比特是小爱神。此刻，丘比特正蒙着眼睛，自信地射出爱之箭。因为蒙着眼睛，箭可能射准，也可能偏离靶心。但不论准与不准，最重要的是他很自信，所以他不停地射出他的爱之箭，感受着箭离弦的惬意。一个人也许会失败，但只要他充满自信，不断努力，就会拥有自己的天空和快乐。

谁都不可能完美，谁都可能经历失败。朋友，不要气馁，不要失掉自信，只要坚持，总会成功！

7. 桑德罗·波提切利作品《春》

波提切利的作品《春》是传世名作。这是一个春光明媚的季节，女神们出现在大森林中，她们有的高贵，有的妩媚，有的低头浅笑，有的在林中漫步。

我最感兴趣的是美慧三女神，她们分别代表着“华美”“欢愉”“贞淑”。她们在画面中是一个整体，有着相同的发式和发色，身着同样的薄如蝉翼的纱裙，手拉着手，浑然一体，翩翩起舞，为春天增加了一分轻柔和妩媚。

无论是美丽，还是青春和幸福，都是人们所追求的。要知道，美丽、快乐、幸福三种追求是不可分割的，正如画面中美慧三女神的组合。她们既是《春》的一部分，又构成了整幅《春》的美丽。

8. 桑德罗·波提切利作品《春》

初春的早晨，阳光还没有完全射透森林，但众神脚下的花草却让我们看到了春意。

在众神的上方是天使丘比特，他的双眼被布蒙着，手中的爱情金箭已经蓄势待发。这支箭要射向谁呢？

春天来了！丘比特的爱情之箭射出来了！

学会爱吧,爱你身边的每一个人,爱每个爱你的人！让春天驱走严寒,让春天的温暖布满大地、洒满人间！

二、历史评述练习

1. 关于三皇五帝的描述

传说中的炎帝神农氏长着牛的头,腹部透明,是一位受人尊敬的首领。当时人们以狩猎为生,无法维持温饱。于是,神农氏教会了人们制造工具、耕种田地、识别五谷、兴修水利,解决了人们吃的问题。但毕竟生存环境恶劣,人们仍饱受疾病的折磨,一个个死去。神农氏便决定尝遍百草,寻找救人的药。他爬过深山密林,蹚过险滩急流,不辞劳苦,最多的一天竟尝了70多种草药。他发现一种绿色的草,吃后能清理肠胃,那就是茶;他还发现一种开紫红色小花的草,原来是甘草,可以清热解毒。最终,他尝了一种开黄色小花的草,这种草使他肝肠寸断,离开了人世,原来那是毒性极强的断肠草。

神农氏舍身忘我、无私奉献、一心为民的高尚品格被广为传颂,影响着一代又一代的炎黄子孙。

2. 关于三皇五帝的描述

提起三皇五帝,炎黄子孙肃然起敬。但三皇究竟是哪几位呢?

《史记·秦始皇本纪》载:“古有天皇,有地皇,有泰皇,泰皇最贵。”“泰皇”指的是人皇。这“天皇”“地皇”“人皇”是笼统的概念,史书上有几种不同的解释。

一说是伏羲、女娲、神农;一说是伏羲、神农、燧人;一说是伏羲、神农、祝融。

在这几种意见中,伏羲、神农为大家公认。女娲补天造人,功不可没;燧人钻木取火,恩重如山;祝融“绝地通天”,能分人神之界,功盖千秋。他们皆是造世英雄,功劳难分高下。三皇五帝是华夏民族祖先,他们人神一体,拥有无限力量。我们更应看到人类生于自然、改变自然、融于自然的过程。我们需要从祖先的故事中认真思考人与自然的关系。

3. 关于夏朝的描述

夏朝是中国第一个奴隶制朝代,中国从此进入奴隶社会。在夏朝之前,中国处于原始社会阶段,存在很多的氏族和部落,每个部落都有以动物为原型的图腾,而夏朝的图腾却是一种长有骆驼的头、鹿的角、鱼的鳞片和须、蛇的身体、鹰的爪子的动物,被称为“龙”。由于身体的每个部位都来自其他动物身上最美、最有力量的部位,所以“龙”成了美与力量的象征。几千年来,龙已经渗入中国社会的各个方面,成为一种文化的凝聚和积淀,华夏儿女都自豪地称自己为“龙的传人”。这个光荣而响亮的称谓,将炎黄子孙紧紧地联系在一起。我们相信,中国一定会像一条巨龙一样腾飞。

4. 关于夏朝的描述

高大魁梧的夏朝末代皇帝桀,非常宠爱自己的妃子妹喜。然而妹喜的性情却是冷漠忧郁的。博取她的笑容成了桀最大的心事。他为爱妃取名为“喜”,就是希望借这个字使她多一些笑容。

桀酷爱喝酒,就下令建造酒池,其规模之大,大到可以划船。然后,他将众多的饮酒高手赶下酒池,让他们痛饮,结果他们中的一些人因为烂醉,而淹死在池里。面对这样荒唐的场面,妹喜嫣然一笑,这让桀很有成就感。于是,桀将这种残酷的游戏延续下去。

其实,从另一方面看,桀是一个低能的君王。他不杀对他政权产生威胁的汤,而只杀阻止他修建酒池的关龙逢,不能不说是政治上的低能。在爱情上,他总想博得美人的欢心,但始终没有医治好妹喜的冷漠和忧伤,却给商汤起兵造反提供了口实,最后成了亡国之君。所以,他是一个典型的赳赳武夫式的昏君。

5. 关于商朝的描述

古老的商朝,虽然科技并不发达,但人们依然追求美好的生活。他们寄希望于天地和神灵,渴望得到上天的眷顾,于是他们找到了一种与天地神灵沟通的方式——祭祀。

当时的祭祀仪式是非常庄严的,而且场面宏大。君王一人在前,百官按等级排列在后,再下面则是平民百姓,最下面的是奴隶。而有时奴隶也被作为祭品。祭祀的器皿多以青铜所制,比如铜樽、铜鼎等。他们以圆形器皿祭天,以方形器皿祭地。祭祀时,祭台上摆满祭品。

那时的祭祀过程庄严而肃穆。从这点我们可以看出当时的人们对美好生活的渴望。他们希望风调雨顺、希望获得丰收、希望天降祥和、希望得到神灵祖先的护佑。这种祭祀活动直至今日仍然存在,那就是我们称为“祭祖”的活动,如祭黄陵。我们有共同的祖先,我们都是龙的传人,是炎黄子孙。我们今天依然会在心中祈祷:天佑中国!

6. 关于商朝的描述

在中国,大到树根,小到蛇虫甲壳,均能入药。“化腐朽为神奇”也许是中医最大的魅力所在。在各种千奇百怪的药材中,有一味药的名字非常神秘,叫“龙骨”。

其实它不过是些普通的龟壳和牛的肩胛骨。但有一天,人们却发现它真正的价值不在于入药,而在于它上面奇怪的符号,后来考证,那原来是中国最早的文字——甲骨文。

在遥远的商朝,人们为了预知凶吉祸福、国运民生,往往进行占卜。他们把一种草扔在地上,根据它的形状进行推算;或者把龟壳用烧红的铁扦戳破,根据龟壳裂开的走势,预知凶吉,然后把所测的结果用图形记录下来,这就逐渐形成了最初的文字。

甲骨文是象形文字,多被刻于龟壳和牛的肩胛骨上。它的出现结束了结绳记事的历史,使得文化有了传承的载体;同时,它把商朝和商朝以前的政治、经济、文化及人民生活状态记录了下来,为后人所知。在它被发现之前,国外的历史学家不承认中国有夏朝,但甲骨文上的记录却为我们提供了依据。

7. 关于商朝的描述

我们的社会已经步入了市场经济时代,经商的人越来越多。那我们常说的"商人"这个词语,是从何而来的呢?

商朝覆灭后,商朝贵族成了周朝的奴隶,被迫迁居到各地。变成奴隶的贵族由于脱离生产,身无长技,不能像其他奴隶一样从事农业或手工业生产,于是做买卖几乎成了他们的主要职业。在周人心中,做买卖的人就是"商人",就是低人一等的人。虽然在以后的时间里,商、周两族的界限逐渐消失,买卖人也不再以商人为主体,但是人们仍把"商人"作为买卖人的通称。

8. 关于商朝的描述

世有伯乐,然后有千里马;千里马常有,而伯乐不常有。作为千里马,最重要的是如何让伯乐发现。

商朝的右相伊尹,本来是商汤的岳父有莘氏家里的一名奴隶。有莘氏嫁女时,把伊尹作为陪嫁的奴隶送到了商汤家中,商汤打发他在厨房干活。伊尹虽为奴隶,但才智过人,他并没有因为自己的怀才不遇随波逐流,而是寻找机会展示自己。为了引起商汤的注意,他在做菜时,有时故意做得很咸,有时又做得很淡。终于,商汤召见了他,想要问明原因。伊尹借此机会把治国之策讲了出来,商汤大为惊奇,立即赦免了他的罪过,并封他为右相。在商汤建立商朝的过程中,伊尹起了很大的作用,并辅佐了商朝三代君王,成为历史上第一位著名的贤臣。

由此可见,机会不是从天而降的,需要我们自己去创造机会。少一些怨天尤人、多一分脚踏实地,奋力拼搏去把握生命中的每一次机会,就能让生命大放异彩!

9. 关于西周的描述

周王朝的疆土与商朝相比,空前地扩大了。周王朝原是偏居"西土"的一个小邦,如何统治这新征服的广大地区?周天子推出了一项重要措施——分封制。

所谓"分封",就是周天子论功行赏,分别授予自己的子孙、亲戚、功臣或古代先王圣贤后裔等一定的土地和人户建立统治据点,以拱卫周王室,即"封建亲戚,以藩屏周"。"封建"就是"封邦建国"的意思,这种统治据点就是“封国”,众多的封国首领便是“诸侯”。

西周初,武王时期和成王时期,曾进行过两次大规模的分封。作为王室支柱的最重要的封国有东方的齐、鲁,北方的燕、晋,以及中原地区的卫国。

周天子正是以这种向诸侯“授民授疆土”的方式,形成了一座政治统治的宝塔。在周天子颁布的“册命”中就规定,各诸侯要承担镇守疆土、捍卫王室的职责。

正是靠这种分封制,周王朝分解了许多统治阶级内部的矛盾,加强了它的统治,使广大疆土得以巩固。

10. 关于西周的描述

姜子牙,姓姜,名尚,字子牙,是中国古代历史上的传奇人物。他的故事在民间广为流传。姜子牙所处的商纣王统治时期,国家战乱不断。为了躲避战乱,姜子牙隐居了40多年。后来他到陕西,常在渭水边垂钓,因为用的是直钩,所以民间有“姜太公钓鱼,愿者上钩”的说法。最神奇的是,有一天他真的钓上来一条鱼,鱼腹还藏有一本兵书,他看后如醍醐灌顶,天下大事了然于胸。更奇怪的是,当天夜里,周文王姬昌做了一个梦,梦见途经渭水时,要遇到一个大富商。果然,第二天他就在渭水边遇到了用直钩钓鱼的姜子牙。听了姜子牙的一番见解后,文王认定这就是梦里遇到的财富,正是他要找的贤人。于是,周文王说:“我的先祖太公早就对你寄予厚望!”于是给了姜子牙极高的地位,故姜子牙又称“太公望”。在姜子牙的帮助下,文王和他的儿子武王推翻了商朝的统治,建立了周朝。

姜子牙长期垂钓,静观万物,“愿者上钩”体现他顺其自然、淡泊功名、豁达通泰的品格。在垂钓中,他时而抛钩观浮,舒展筋脉;时而屏气凝神,静观鱼儿咬钩,动静有致,平衡统一。此外,在垂钓中,他磨炼了自己的意志、毅力和耐心,养成谋大业而不求利禄的胸怀。这说明若想成大事,我们一定要有一颗豁达的心和坚忍不拔的精神。

三、说物练习：记忆最深或最喜爱的物品

1. 古剑

在我的性情里面，总有怀古的成分。记得有一次参观文物展览，我看了许多文物，其中有一面埋藏了无数表情的古铜镜、一把断了弦的古琴、一柄泛着寒光的青铜剑。青铜剑给我留下的印象最深。拭其锈斑，还以本色，那“天下之大，唯我独尊”的狂傲之气还隐约残存于剑上。剑啊，你曾被佩带在谁的腰上？你曾摧毁多少河山？考古学家说：“战争是古代的一门重要艺术，剑是那时的艺术品。”这样的艺术和艺术品，无疑过于残酷。

我想起一个古老的故事。干将为大王铸剑，耗费3年的日日夜夜，炼成了两把像冰一样寒气逼人的宝剑。然而，他也成了第一个用血来饲剑的人。16年后，干将的儿子持一把雄剑为父报仇，最终和仇人同归于尽。一把宝剑，砍下三颗头颅，那剑刃上还残留着血迹与血光里惊恐的眼神！这是我知道的第一个关于剑的故事，竟是如此暴戾！

我想起了金庸，他笔下的剑似乎有另一种含义。武侠小说中总是少不了剑的，似乎没有剑，《神雕侠侣》便不能称为《神雕侠侣》，《倚天屠龙记》便不能称为《倚天屠龙记》。杨过、小龙女生死相许有君子淑女剑；“倚天一出，谁与争锋”有倚天剑；袁承志义胆忠肝有碧血剑；小青痴情不悔有越女剑……剑不是冰冷的，它凝结着人最真的性情；剑不是无情的，它是侠肝义胆和情深意笃的见证。

外国小说中也有不少关于剑的故事。莎士比亚的《哈姆雷特》中，得知实情的哈姆雷特为了求得真相，为父报仇，煞费苦心，却被一把毒剑刺中胸膛倒下了！当一切尘埃落定，皇宫的大殿中只剩下两把西式古剑。这是我知道的又一个关于剑的故事。有剑的地方，总是存在悲剧。

当历史成为过往，握剑的手和被剑刺穿的胸膛，都化作泥土，化作遍野的青草。

也许是因为干将莫邪，也许是因为金庸，也许是因为“宝剑锋从磨砺出”……总之，我喜欢剑，欣赏剑！喜欢那一剑走江湖的侠气，喜欢它经过千

锤百炼的坚定,喜欢它沧海桑田依旧不变的韧性……

2. 小木碗

第一次教我们端碗的是父母。为了不把碗打碎,父母为孩子准备了小木碗。小木碗很轻,又不烫手,有天然木质的花纹,古朴乖巧。孩子一天天长大,他们开始用清澈的目光打量着他们即将进入的社会。他们发现社会上的人端着各式各样的"碗"。有人过着纸醉金迷的生活,端着贵重的"金碗",但内心忐忑不安,总怕遭人算计,失去他的"金碗";有人在社会企业做白领,端着精美的"瓷碗",但他们劳累忙碌,又总怕打碎了自己的碗;而更多的人是生活温饱,衣食无忧,他们端着不怕丢失也不怕打破又很实用的普通"粗碗"。于是,端"粗碗"的希望自己有一天能有精美的"瓷碗",端"瓷碗"的希望自己有一天能有"金碗",有"金碗"的希望自己的子子孙孙都抱着"金碗"。

其实不同的碗有不同的长处和短处,做事万万不能强求,强求往往会打碎自己现有的碗。总之,无论你现在拥有什么,无论你追求什么,我们都不能忘记父母给我们的小木碗,更要记住当初父母教我们如何端碗。

3. 老屋木窗

上了年纪的人都知道,以前人们住的是瓦房,有阁楼,还有那木头做成的窗户。现在我漫步在成都的老街,还可以看到那带小阁楼的老房子。于是,记忆深处,我曾经住过的、让我魂牵梦萦的老屋就会出现在脑海中。

我在老屋生活了十几年。那是一座庭院式的老房子,有天井、石阶,还有我最难忘的老屋木窗。老屋木窗是没有玻璃的,它由一块块泛黑的老木头构成,木头上有古老的镂花。我最初就是站在凳子上,攀着这古老的木窗,从镂花的缝隙中向外打量这个世界的:春天,我看到阳光灿烂;冬天,我看见大雪纷纷。我还看到人来人往的街道,看到迎亲、出丧的队伍。人世间的悲欢离合,全都流入我小小的心灵,唤起我对世界无穷无尽的遐想。

虽然我离开老屋已经多年了,但老屋木窗还时时出现在眼前,我多想踩着那潮湿的地板,踏着吱呀作响的木楼梯,倚在木窗边,睁着好奇的眼睛,打量新奇的世界……那真是无穷的诱惑！可是今天，那新奇和诱惑在我心里已不复存在，因为我已来到了木窗外的世界，这世界常常让人感到太空旷、太孤独，没有属于自己的空间！所以，我时常幻想，还想透过那木窗再看一看。因为木窗里面，是不需要任何防范、是最无忧无虑、是真正属于我的天地。在木屋里的窗户前，我的心里最踏实。

我知道，木屋已不复存在，我必须适应外面的世界。在外面的世界里，我要学会找到自己的空间，搭建起属于自己的木屋，再透过那木屋的窗户，看今天的世界……

4. 雕塑

我的书架上有一个黄铜的罗马士兵雕像，他是站着的，左手执盾、右手高举投枪，仿佛要把投枪掷向敌人。他的铠甲制作得很精致，就连头盔上羽毛的纹理也十分清晰，看起来如在风中，让人感到栩栩如生！

它的真实，常常将我的思绪带到古罗马时代。罗马帝国曾是地跨欧、亚、非三洲的大帝国，如巨人般强大而不可动摇。

恺撒大帝光芒万丈，眼前的士兵是他的骄傲。正是由于这些士兵的勇猛，才使得恺撒名垂青史，才有了历史上伟大的罗马帝国！如今，士兵们早已化为了泥土，但眼前的黄铜罗马士兵雕塑却让我明白了历史发展的背后是血与火，就像宇宙星体的背后是黑暗一样。正是有了血与火，人们才更珍惜和平；正是有了黑暗，星体才显得格外明亮。

面对罗马士兵的雕塑，我想说，你是永远明亮的，因为凡是美的就会永存！

5. 锁

这是什么样的锁，这是什么样的情?!

在黄山那拔地摩天、险峭峻奇的天都峰，竟有成千上万个锁被不知名的人锁在崖边的铁链之上。仔细看，你便会发现，每个锁上都有两个人的名字，他们虔诚地把自己的名字刻在锁上，然后把刻了名字的锁锁在黄山最高之处，将钥匙丢掉，发誓永不分开！

他们想让锁经过天都峰风、霜、雪、雨的磨炼，使情更坚贞、使爱更牢固，于是日复一日、年复一年,天都峰的防护铁链就只见大大小小成串的锁,而不见链了。知其内情,让人感动! 我想这些纠缠在一起的锁,就是一个个爱情的结。每一对相爱的人都相信,将锁锁在这里,他们将生生世世不再分开——锁是永远的爱,爱是永远的锁。

6. 门

我家对面邻居的门,是两扇最普通的厚厚的木板门,从中间向两边打开。过节时,门上贴着福字,门两边贴着对联。

小时候,我常常听见轻轻的开门声,看到一个小阿姨用湿抹布擦着门,门面干净整洁。后来,我读初中了,常常看到一个男青年和小阿姨出出进进。大人说,对面的小阿姨谈朋友了。有一天放学,我看到对面的门又刷漆了,门上还贴了大红喜字。大人们忙着送礼物给小阿姨。原来小阿姨结婚了。后来,我经常听到清脆的开门声,从门里还不时传出小阿姨和她爱人的笑声。

高中时功课紧张,我回家较晚。有一天,在巷子口,我远远地看见一个浓妆艳抹、珠光宝气的胖胖的女人,我还没有辨认出是谁,她便主动和我打招呼,我大吃一惊,原来是小阿姨! 高三时我睡得很晚,常听到对门发出皮鞋踹门的声音和用重物从门里砸门的声音。对面的门已不再完好,坑坑洼洼,很不平整。再后来的一天,对门发出一声很重很响的摔门声。我从门缝偷偷往外看,小阿姨和她的丈夫各奔东西、分道扬镳了,身后留下了残破的门……

我要离开家读大学时,对面搬进了一对老年人。屋内只有简单的家具,老大爷穿着朴素,正乐呵呵地修着门。他对我说:"小伙子,解放战争中,要不是一块破门板,我早就沉到江底喂鱼了!"

离家上路的早晨,我打开家门,眼前一亮,对面的门重新刷漆了,古铜色亮闪闪的大门上贴着福字。门内静静的,一朵芙蓉花从墙内伸出来,随风摇摆,像在对我说:"一路平安!"我走向了远方。而门,留在了身后。

7. 风筝

我卧室的墙上挂着一只红色的风筝,那是我童年时最美好的梦,但是它从未在天上飞翔过。

小时候,父母对我学习要求非常严格,每科成绩必须考85分以上,并责令我制订出学习计划,写下保证书。

除夕,父母忙着准备过年,无暇过问我的功课,我趁他们不备,悄悄溜了出去。我看见街角一位老奶奶面前,摆了好多五颜六色的风筝,像一只只美丽的蝴蝶,我不由自主地买了一只。

回到家,爸爸看见风筝,抢步上前,一把夺过风筝,就要撕得粉碎!我从没见过爸爸发那么大的火,心中既害怕又疼惜自己的风筝,“哇!”我号啕大哭。妈妈赶忙夺下风筝说:“妈替你把它挂在墙上,以后再放吧!”我一边擦泪,一边走进卧室拿起书本。以后,我再没看那风筝一眼,也再没提放风筝的事。

现在,摸摸那红色风筝,我已没有了儿时那种要放飞的冲动,毕竟我的童年已过去。回想起来,也不怪我的父母,我能理解他们的一片苦心。负担过重、竞争激烈,任何人都无法改变,这是现实。就是这一切,决定了户外的春天不是我的,天上的风筝不是我的。我只能将美丽的风筝挂在墙上,把它的飞翔变成梦。

我认为,孩子们可以从玩耍中学到在父母那里和老师那里学不到的东西。今天,我由衷地希望,年轻的爸爸、妈妈们能给孩子更多自由,希望学校能真正地减负,希望今后没有一个孩子再会像我一样,将美丽的风筝挂在墙上,让它的飞翔永远成为童年的一个梦!

8. 桨

去年夏天,我去了西湖。湖面上盛开着一片片荷花,红、粉、白相映于绿叶之间,微风徐徐,荷花、荷叶一起轻荡,江南美景美不胜收。

我登上一叶扁舟,看着美景,不禁想起王维的“竹喧归浣女,莲动下渔舟”的诗句来。

泛舟湖上,我欣赏着西湖的美景,眼光却不由自主地被船夫手中的双桨吸引了过去。那桨是木制的,桨把是柱形,桨身窄而稍扁。它们的颜色比本色稍旧。最下面的桨尾,宽大而扁平,由于长年浸泡在水里,已变成深褐色。船夫均匀而有节奏地划动着双桨,桨每插进水中一次,船就前进数尺。就是这个扁平的桨尾,使我们的船前行。

说到桨,我想起一位哑巴老人的故事。哑巴老人在一条河上撑了一辈子船,最后却用毕生的积蓄在这条河上修了一座桥,只为了两岸的人过河方便。几十年如一日,老人握着同一双桨,从河东到河西,又从河西到河东。那握着的桨,实际上是老人心中的愿望。最终,他的桨划向了成功的彼岸,他完成了自己的心愿,修起了一座桥。

桨就是一双手,手就是一双桨。人类就是凭借这样的一双"桨",把自己划离了猿群,划进了新的世界!其实,每个个体又何尝不是一只小船,理想是舵,双手就是桨!

是的!要完成所愿,就要勇敢地举起你的双手,去经受所有的考验!用一生的精力划动你的双桨,实现自己的心愿!

第四单元　想象与语言表达

第一部分　理论概要

什么是想象？从心理学角度讲，在知觉材料的基础上，经过新的整合而创造出新形象的心理过程，就是想象。

任何事物的创造都离不开想象。有人把“想象”十分精辟地概括为“灵魂的眼睛”。

想象力是在知觉材料的基础上，经过新的整合而创造出新形象的能力。丰富的想象力与生活的积累分不开，同时与知识的积累也分不开。如果我们拥有丰富的生活积累和广博的知识，想象就可以不受时间和空间的限制，做到“观古今于须臾，抚四海于一瞬”。

那么，如何使我们的想象力更丰富呢？

第一，培养广泛的兴趣爱好。对于感兴趣的人物和事件，我们的想象会更丰富。

第二，观察是认识活动的开始，对生活和人观察理解得越细致、越深刻、越透彻，想象力就越丰富。

第三，勤于思、勤于学，看待事物要由表及里、去伪存真，抓住事物的本质和特征。

第四，不仅要感知作用于自己感观的事物，还要根据自己的经验和积累进行想象。

第五,要多层次、多侧面、多角度地展开想象,不因循守旧,不循规蹈矩。

第六,在想象中发挥自身的特长和优势,突出独特的极具个性的思维方式,做到独具特色,敢于标新立异、独树一帜,做到立意新——新思考,角度新——新看点,手法新——新表达。

第二部分　教学内容及同步练习

一、绘画描述练习

要求学生讲解欧洲文艺复兴时期画家列奥纳多·达·芬奇的作品《蒙娜丽莎》(见图3)。

二、图形描述练习

要求学生根据下列任一图形即兴组织语言进行表达,也可做组合图形练习;表达时组合图形顺序不能颠倒。可以选择以下图形:

三、国内地理评述练习

要求学生根据国内某个地区或城市的某一方面的特点组织语言进行表达。

四、国外地理评述练习

要求学生根据国外某个国家、某个地区或某个城市的某一方面的特点组织语言进行表达。

五、历史评述练习

要求学生以春秋、秦、西汉、东汉四个历史时期的政治、经济、文化为主题，完成四篇即兴口语作业。

六、自然景物评述练习

你对大自然中什么景物最感兴趣？为什么？请组织语言进行表达。

七、课后作业

要求学生根据绘画作品做即兴口语训练。

第三部分　教学目的与要求

要求学生展开想象，找到新颖、别致、与众不同的视角，从不同角度诠释主题。

(1)刚开始做练习时，有的学生的想象施展不开，教师要积极引导。教师可根据其他学生的叙述，为他提供几种构思，让他选择其一，做进一步的加工。

(2)有些学生可能想得太多、太杂，内容散乱。教师要帮助学生梳理主线，确定中心。

(3)教师要帮助学生画龙点睛，使学生作业更生动传神，富有灵气和神韵。

(4)教师要帮助学生明确主要事件、主要段落，让学生感觉到全篇跌宕起伏的节奏。

(5)学生的表达要有主有次，详略得当，要随着情节的发展而起伏变化，切忌平均用力。

第四部分 学生作业例稿

一、绘画描述练习

《蒙娜丽莎》

有一个女人,她也许是全世界最神秘、最传奇的美丽女子。她用一抹神秘淡然的微笑面对世人。时间没有带走她一丝一毫的美丽,反而让她容颜永驻!

她就是达·芬奇笔下的蒙娜丽莎。

很多人欣赏这幅画时都会被她恬静、精致的脸庞所打动。然而你是否发现:她的眉骨凸显与高挺鼻梁的阴影之处所形成的曲线,如同展开的双翼。这双“翅膀”线条流畅,占全脸三分之一的面积,而且居中。

在我们的现实生活中,蝴蝶凭借双翼嬉戏丛林,白鸽靠双翼飞翔在蓝天,海鸥用双翼与风暴搏击……这一双双翅膀或美丽、或强健,但没有哪一双如蒙娜丽莎脸上这一双无形的“翅膀”神奇。透过这双翼,我们甚至可以感觉到此刻蒙娜丽莎的思想正翩然飞出。结合画的背景来看,这双“翅膀”似乎正自由地在大自然中飞翔。

如果你问我看这幅画何处让我感动,我会告诉你是蒙娜丽莎脸上的这双“翅膀”,它是无形的,同时又巧妙地存在。它似乎在向我们传达这样一个信息:蒙娜丽莎之所以笑了,是因为她的灵魂早就飞出了现实的躯壳,飞向了回忆中的花园:也许是想到她的孩子,也许是想到最美好的拥有……我们不知它真正的方向,所以我们永远猜不透她微笑的神秘之源。

这其实是一双天使的翅膀,它使蒙娜丽莎超越了世俗的美,更承载了达·芬奇对艺术无限的追求与向往。

二、图形描述练习

1. ○ 形

徐庶给刘备推荐能帮他安邦定国的人才。他对刘备说:“世有卧龙凤雏,得一人便可安天下。”这里的“卧龙”就是诸葛亮。刘备听后,带着关羽、张飞来到卧龙岗,拜会诸葛亮。第一次来到诸葛亮驻地,诸葛亮不在,书童说:“先生会友去了。”第二次来到诸葛亮驻地,书童说:“先生到书院去了。”第三次来到诸葛亮驻地,书童说:“先生在睡觉。”刘备、关羽、张飞三人只好在门外等待,等了两个时辰,三个人腿都站软了。张飞气急败坏,要放一把火把房子烧掉,刘备赶紧劝阻。三人又等了一阵儿,诸葛亮终于起来了,会见了他们三人。于是他们共商天下大事,并将诸葛亮请出山来,做了蜀国丞相。三顾茅庐画上了圆满的句号。

2. ○ 形

东晋陶渊明文风自成一家,留下诗词 100 余首,被称为田园诗之父。他三次辞官,最后过上隐居的生活。他创作的《桃花源记》是文学瑰宝,一直流传至今。然而,《桃花源记》中描绘的故事并不真实存在,仅仅是一个梦想。陶渊明文人风骨,一生不肯向浊世低头,他追求内心的宁静淡泊,才写下了大隐于世的《桃花源记》。有人说他所想所求不过是一场空,一切最终归零。但那何尝不是另一种人生的圆满。

3. ▽ 形

历史上的“三国”之所以能鼎立,是因为力量的均衡。曹魏曹操重视农业生产,保护农桑,提高了农业产量,发展经济。东吴孙权重视手工业和造船业,注重贸易,当时船队曾到东瀛。蜀汉刘备重视水利,曾派 2000 多士兵驻守修护都江堰,使得都江堰灌溉了川西的万亩良田;蜀国与少数民族关系和睦,后方稳定。正因为它们各有所长,相互牵制,才形成三国鼎立之势,就像一个倒三角形。

4.  形

这个图形让我想到了数字“2”。“2”这个数字在受欢迎程度上,远远不如“1”。

我们都想争第一:考试想争第一,比赛想争第一,甚至财富也想争第一,成“首富”。相比之下,数字“2”就显得有些不尽如人意了。但没有“2、3、4、5……”又怎么会有“1”的骄傲和辉煌?战国时廉颇正是在蔺相如顾全大局、识大体、甘愿退让的崇高品德和宽大胸襟的感染下,才负荆请罪,自叹不如。与其处心积虑去争“1”,倒不如心胸宽广来做“2”。退让一步,“2”也同样精彩!

5.  形

这就像人生所走过的路。终点和起点的距离是如此地接近,但人们弯弯曲曲地走得十分漫长。那么,你会选择走直线还是曲线呢?我想很多人都会选择走直线。但是丰富的人生经验才是成功的铺路石。每个人会由于年龄、经历等,在年轻时做了一些无可挽回的错事,走了一些难以避免的弯路,经历了一些难以承受的挫折。只要我们能从这些错误、弯路和挫折打击中,吸取经验教训,调整航向,重新开始,自己的路就会越走越宽,拥有新的、更为积极的人生。人生最值得投资的就是自己。在人生的道路上,经历曲折在所难免。“曲”是一种经验,“曲”是一种智慧,多走一步弯路,也许我们就能多体会生活的味道、多感受人生的精彩!

6.  形

一看到这个图形,我首先想到的是一扇窗户。我们透过窗户可以看到外面的世界,与更多的人接触,获得更多的知识。但是如果在透明玻璃的背后涂上一层银粉,它就变成了一面镜子。照镜子的人看不到窗外的一切,只能看到自己。当一个人眼里只有自己时,他是孤独的,是形单影只的,是茫然不知所措的。他必须一个人承担所有的痛苦和忧愁,也无法与他人分享快乐。因此,我们应该随时擦亮自己的窗户,打开心门,享受与朋友交流分享的快乐!

7. ▯形 + ◇形

长方形让我想到了厚厚的书本，而菱形则让我想到了一顶博士帽。我们从儿时开始识字，到进入大学的殿堂，其间不知翻阅了多少本书，才能戴上那顶博士帽。

当我们戴上博士帽的时候，我们觉得无上光荣。十几年寒窗苦读，似乎都为了这一刻。它证明了我们付出辛勤和汗水之后的成功。

然而，戴上它的时间毕竟是短暂的。戴过那顶帽子的人会发现，那不过就是一顶帽子而已。而读过的那些书，才是真正属于自己的财富。是的，那厚厚的书本上的每一页，都是我们收获的凭证。有一句话说得好：“不为彼岸，只为海！”

8. ○形 + ◇形 = 形

圆形与菱形组合，就是我国古代的货币——铜钱。铜钱起源于商朝。商朝以前，人们使用贝壳做货币，可贝壳易碎，又不能保值，大大地抑制了商业活动。秦朝时，人们发明了外圆内方的铜钱，用麻绳将其穿起来，便于携带，这样，商品交换频繁了，经济也发展起来了。

铜钱的产生印证了人类独特的智慧。人的思维是不断发展的，我们应该努力活跃思维、开拓创新，创造出更有利于社会发展的新事物，共同为美好生活增光添彩。

9. ◇形

这个图形使我想起了风筝。儿时，母亲常常带我到河边放风筝。我看着越飞越高的风筝，感受童年的美好时刻。现在的我好似一只风筝，可我飞翔的天空不再是家乡狭小的天地，母亲已把我放飞出门，任我翱翔。但我毕竟是一只风筝，飞得再高再远，线绳还是紧紧地握在母亲的手中。

10. ◇形

看到它，我想到了水晶和钻石。现在很多人都愿意用水晶来代表爱情。有首歌唱得好：“我和你的爱情好像水晶，没有负担、秘密，干净又透明。”是的,在这个物欲横流、金钱至上的社会中,一份纯洁、真挚的爱情多么难能可贵!可爱情只干净透明是不够的,如果想让你的爱情经受住生活的打磨,就得让你的爱情如钻石般坚硬,它才能发出永恒的光彩。像广告词上说的:“钻石恒久远,一颗永流传!”

祝愿朋友们拥有的爱情,既干净透明,又坚硬永恒!

11.  **形+**  **形**

看到这八条平行线,我首先想到的是人们攀爬的阶梯,这些阶梯不是平稳坚固的石梯,而是圆形的木质滚轮。

挑战过“水上滚木”的人都知道,如果想在不停滚动的木头上行走,就一定要保持平衡,要放低重心,弯腰俯身。同样,要想在木质滚轮的阶梯上攀爬,弯腰俯身也是很重要的。

在生活中,有些人时刻昂起自己的头,甚至踮起脚,以显示自己的高明。可是他们忘了,此时正身处圆形滚木之上,如果不放低重心,就会从圆形的滚木上摔下来,后果不堪设想!

12.  **形+**  **形**

三角形使我想起了我国历史上的魏、蜀、吴三国。它们为了争夺中原的霸权,展开了激烈的斗争,形成了三足鼎立的局面。三个国家经历了多年战事,各国人力、物力都已基本耗尽。虽然最后魏国取得了胜利,但也国力大伤。当年的车轮滚滚、尸横遍野都已随风而去,唯有一片片竹简记载了这段历史。当时称王称霸的人们啊,谁会想到,他们的成败只不过为后人提供了划分时空的记号。

13.  **形+**  **形+** 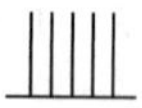 **形**

每个母亲心中都有一颗钻石。这颗闪亮的钻石就是她的孩子。然而,这颗钻石不是轻易得来的,从孕育生命开始,母亲就要经历苦难。当一个小生命来到世间,母亲还要带着他跨过一个个命运的栅栏。也许快到终点的时候,母亲已耗尽心血,但闪光的是母亲心中的钻石——孩子。

14. ○形+□形+△形

这三个图形的组合让我想到一支蜡笔，蜡笔似乎只是我们孩提时代的玩具。记得小时候妈妈送我一套彩色蜡笔，有红、橙、黄、绿、青、蓝、紫七种颜色，正好和自然课上老师讲的彩虹的颜色一样。于是，我兴奋地对妈妈说："我的书包里装了一道彩虹！"当时那种兴奋的心情，到现在我仍记忆犹新。可随着年龄的增长，那套彩色蜡笔早已不知去向。直到有一天，我和大学同学在操场上看喷泉，在雨后的阳光下出现了一道彩虹，我忽然想到了那套七色蜡笔。童年已离我远去，"书包里装着彩虹"的童话也变得模糊了，但我不会忘记那盒蜡笔，它将是我内心深处的一道彩虹，伴我一生！

15. ○形+△形+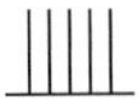形

这三个图形让我想到了一首古诗"锄禾日当午，汗滴禾下土。谁知盘中餐，粒粒皆辛苦"。

正午的太阳炙烤着大地，农民戴着草帽，拿着锄头在地里辛勤地耕耘。汗水顺着他们的脸不断往下滴落，像一粒粒晶莹的珠子落在泥土中。

饭桌上的每一粒粮食都来自农民褐色粗糙的双手。这首古诗三岁的孩童皆能背诵，但我们长大却忘记了粮食的珍贵和来之不易。所以，当我们看到那火热的太阳，那头戴草帽辛勤耕作的农民和那浸着汗水的锄头时，就会想到我们要对粮食倍加珍惜。

16. 形+△形+形+形+□形

一个人低下头思索着，想找到光明，但他始终没有找到。于是他请教智者，智者对他说："到山上去吧，那里有光明！"他朝着山顶一步步走去，山顶只有一个茅草棚，里面一片漆黑，他只好下山询问智者。智者还是说："到山上去吧，那里有光明！"他又沿着阶梯一步步走到山顶。他迈过茅草棚的门槛，里面一片漆黑，什么也看不见。他努力寻找着，还是什么也没有找到。正当他沮丧时，忽然发现茅草棚的最里面有一个小门，他用尽全身力气，猛地一推，门开了，眼前金光灿烂，一片光明。他获得了成功。

朋友们,想要获得成功吗? 不要急躁,要用心探索。要知道,只有经历失败,才能获得成功;只有冲破黑暗,才能见到光明。

三、国内地理评述练习

1. 重庆

李商隐曾有这样一句诗:“何当共剪西窗烛,却话巴山夜雨时。”这句诗提到了山城重庆独特的景致——巴山夜雨。

重庆的雨常常在夜里淅淅沥沥地下。在迷蒙的细雨中,山城夜景比起平时的璀璨与辉煌,更多了一种神秘的气息。南山“一棵树”是观夜景最好的地方。站在这里,俯瞰夜雨中的山城,华灯闪烁,流光溢彩,行进的车灯层层叠叠、亦真亦幻,仿佛把人带入了七彩的梦境。各路段的吧廊,给这静静的夜晚带来了别样的氛围。围坐在麻辣烫桌边的重庆人,一个个笑逐颜开!重庆人辣的个性、辣的生活、辣的乐趣,在夜雨中,展现得淋漓尽致。

夜雨过后,洗刷过的山城更加美丽!

2. 成都

古人云:“少不入川,老不出关。”这话很有道理。以休闲与美食闻名天下的成都,让人来了就不想离开。

到了成都,你应该去茶馆坐坐,吃吃火锅,过几天地道成都人的生活。如果你还想更多地了解蜀文化,建议你去观赏一下巴蜀文化的瑰宝——川剧。

川剧在成都有悠久的历史,以其独特的配乐和唱腔让听者入迷。而川剧中的变脸,更被誉为“梨园奇葩”。

看过川剧演员的变脸表演,你会惊叹四川人独特的敏锐和智慧。那一张张精美的面具,将人物的内心与性格直观外化。再加上脸谱魔术般地不断变换,将人物刻画得入木三分。瞬间的捕捉与表现,是变脸的魅力所在。往往演员变一次脸,观众相应地有一阵掌声和喝彩。台上台下频频互动,好不热闹。

从变脸艺术上,我们得出成都人性格的特点。成都人看似漫不经心,生活悠闲,实际上却像变脸一样,在求新求变。

成都街道的改造从未间断,我们能从那尘土飞扬的工地上感到城市在变;街头的各种鲜花布置不断翻新,我们能感到市容在变;马路上飞奔的小汽车数量的迅速增加,说明成都人生活质量在变;从街头女郎的服饰变化,我们能感到人们的品位在变。

成都位于川西平原,却以自身的灵性走在中国时尚的前端,如同不断更新的变脸一样。

“天下未乱蜀先乱,天下已治蜀未治”,这是过去;“蜀道难,难于上青天”,这是古时候人们对四川的刻板印象。今天,成都的经济发展速度之快,让世人惊叹!

3. 成都的茶文化

成都的大街小巷到处是星罗棋布的茶馆。竹靠椅、三件套、茶博士,都构成了成都茶馆的特色,也是成都休闲文化的标志。

成都的茶馆不仅满足了茶客来茶馆摆龙门阵、谈生意、叙友情的需求,还保持了唱川戏、看变脸、听清音等传统。穿梭于成都的茶馆,你可以看到老年人围坐在一起打打麻将、谈论时事,也可以看到年轻人三五成群地看书、聊天、谈笑风生。其实,成都的茶馆就是一个信息集散地,国内外各种最新信息都在这里汇集,又在这里传播出去。

有些成都茶馆四五点钟就开张了,一些老茶客按时来到茶馆,享受这一天的第一杯清茶,轻松而休闲的生活就这样开始了。

4. 都江堰

从成都往西 50 公里,就是举世闻名的都江堰。

古时,岷江上游汇集百川,奔腾而下,水流中夹带了大量泥沙,河床淤积,洪涝灾害连年发生。秦昭王后期,蜀郡守李冰为了变水害为水利,根据西北高东南低的地形,凿开玉垒山,在岷江江心筑堤分流。前堤是分水的“鱼嘴”,把岷江分为内外两江。外江是岷江正流,全长 70 多公里,流经都江堰、乐山、宜宾,然后流入长江。内江是人工渠道,经过“宝瓶口”的节制,流入成都平原。但岷江的泥沙流量很大,于是人们又在分水堤内建造了“飞沙堰”,让水中的泥沙泄入外江,控制了内江的水流量,保证了灌溉,避免了水患。

凡是到过都江堰的人都会惊叹:“在当时那种科技并不发达的年代,李冰是如何想到这种方法的呢?”这也许来自他对于大自然深刻的领悟。没有“人定胜天”的豪言壮语,而是因势利导地顺应自然。没有选择“堵”,而是选择“疏”,在疏通的过程中利用水的能量,这是李冰最大的智慧。

都江堰已经有2000多年历史了,“深淘滩,低作堰”这种治水的原则,至今让我们感叹,值得我们思考、借鉴。

5. 自贡

“牛头对马岭,不出贵人出盐井。”这是自贡的特点。自贡已有2000多年的井盐开采史,这里曾有无数的盐井。盐井的井架用堆积木的方法堆积而成,最高的井架约有113米,形如通天高塔,气势磅礴!令人不可思议的是,如此高的建筑却没有地基,只在地上用篾绳作拉式支撑,这不能不说是一大奇迹。

自贡盐井是过去一个时代的代表,是劳动人民智慧和辛苦劳作的象征,也是这个城市的标记,更是自然、历史和人文景观的和谐统一。今天,人们仍保留了部分盐井,因为任何人都不能割断历史的脉络,不能丢掉过去的遗存,不能丢掉城市固有的特色!

6. 乐山

乐山,古称嘉州。乐山最著名的就是号称“天下第一佛”的乐山大佛。

“山是一尊佛,佛即一座山。”乐山大佛坐落在乐山市东南部的凌云山西壁,又称凌云大佛。它头齐山顶,脚踩江岸,形体自然,仪态端庄,通高71米,头高14.7米,肩宽28米,脚背宽9米,脚长11米,是我国最大的弥勒佛造像,也是世界最大的石刻艺术珍品,被誉为宗教学、水利学和传统雕刻艺术的经典之作。

乐山大佛建造于唐朝中叶,前后经历了三代工匠。传说当时船只经常在此遇难,人们修了大佛,船对着大佛方向开去,就会平安无事。佛就是航标，所以大佛不仅有艺术价值，还有相当的实用价值。

7. 宜宾

一提到宜宾，我们最容易想到的是五粮液。每一个企业的发展都会经历一些波折，五粮液也不例外。作为中国老字号名酒的五粮液，在某个时期销售却不理想，分析原因，无非是“假冒”二字。

在五粮液红遍全国之时，各省相继出现了一些打着五粮液旗号的冒牌货。曾有不少有识之士，好心提醒这个老字号为自己的产品打上防伪标签，五粮液公司却没有重视。有人还认为，蝼蚁再多，也只能证明我们牌子响亮，那些伪造者还为我们宣传了品牌呢。结果，因为没有及时扑灭造假的苗头，五粮液在“假酒中毒”“甲醇兑酒”的骂声中跌入低谷，再无昔日的红火。

此事提醒我们，“千里之堤，溃于蚁穴”。我们不仅要把握大方向，控制全局，也要从小处着手，防微杜渐，更要居安思危。

8. 阆中

阆中，古称保宁，有“阆苑仙境”之名。阆中古城位于四川盆地北部，嘉陵江中游，东连巴山余脉，西枕剑门臂弯。

阆中古城与云南丽江古城、山西平遥古城、安徽徽州古城齐名，称为中国四大古城。而阆中则是保存最完整的古城。

当你走进阆中古城，便可看到青石板铺成的街道，就会有一种走进历史的感觉。它不如丽江清丽，却以厚重的文化展示它独特的魅力。

阆中有 2300 年的历史，是完全按照唐代天文风水理论修建的。它四面环山，三面临水，水在山中，城在水中，可谓“三面江光抱城郭，四周山势锁烟霞”。这是中国古代建筑选址“天人合一”的完美典型。古城核心区面积 2 平方千米，棋盘式的格局，融南北风格于一体，是中国建筑艺术的宝库。

正是风水古城的灵秀才孕育出阆中的文化，它是华夏本源文化的发祥地之一。相传伏羲的母亲华胥，正是在此居住并生了伏羲。战国时，这里是巴国的国都，后期又修建了永安寺、大佛寺等众多的名胜古迹。

如此仙境，从古至今众多英雄在此留下了足迹，如辅佐刘邦的范雎、岳飞的爱将张宪、代父从军的花木兰。还有一些大文豪，如杜甫、陆游、司马光、吴道子、苏轼等,都曾被这里的灵秀所吸引,留下了许多珍贵的墨宝和不朽的诗篇。

也正是这厚重的文化,才使得古城如此深沉宁静。当人们踏在青砖路上时,似乎能沿着几千年前古文的足迹,体味到那隽永的诗意:“阆中胜事可断肠,阆中城南天下稀。”

文化让古城历久弥新。

9. 柳州

说起柳州,我首先想起一句话,“柳州旧有柳侯祠,有得于民民祀之”。柳侯祠是纪念柳宗元为柳州人民鞠躬尽瘁而建造的。柳宗元是山西永济人,当官时触犯了朝廷,被贬到柳州,最后在柳州去世。

柳宗元在柳州时,为当地百姓做了很多好事,如制定释放奴婢法、禁止江湖巫医骗术害人、发展文化教育事业、开垦荒地等,很受柳州人民爱戴。在柳宗元死后第三年,当地百姓就为他建立了柳侯祠。在1000多年的历史中,柳侯祠几经颓败,几经修缮,最终留下的是清代风格的建筑。三间平房,白壁青瓦、红柱丹梁,既华丽精湛,又庄严肃穆。大殿中央有柳宗元的铜像,祠内还有历代保存下来的30多方石刻。

韩愈撰写、苏轼题字的“迎亲送神寺”依然在那里向世人讲述着柳宗元一心为民的感人事迹。

10. 拉萨

在藏语中,拉萨是“圣地”或“佛地”的意思,它是西藏的政治、经济、文化、宗教中心。说到拉萨,就不能不说布达拉宫,有首歌唱得好,“回到拉萨,回到了布达拉”。

布达拉宫是拉萨最宏伟、最完整的古建筑,是拉萨的代表。它高110米,外观共有13层,由东部的白宫、中部的红宫组成。布达拉宫内部金碧辉煌,外部雄伟壮丽,无处不显示着佛法的殊胜。在拉萨,布达拉宫也是至高无上的政教合一的象征。

11. 拉萨

走近拉萨,你便走近了阳光。

拉萨素有“阳光之城”的美誉，是藏传佛教的胜地，阳光与信仰在这里交织，形成了拉萨夺目的光芒。

可以说，在每个藏族人的心中，拉萨的地位都是无比崇高的，因此他们才会执着地走上朝圣之路。

每当太阳升起的时候，在湛蓝如洗的天空之下，在波涛似的山峦之上，在任何通往拉萨的道路上，你都能看见人们一起一伏磕长头的身影。

磕长头，是藏传佛教盛行的地区信徒与教徒们一种虔诚的拜佛仪式。它有一套非常严格的程序：首先取立正姿势，口中念六字真言，一边念一边双手合十，高举过头；行一步，双手移至脸前，再行一步，双手移至胸前迈第三步；然后双手移开与地面平行，前掌心朝下，膝盖先着地；而后全身着地，额头轻叩地面，这才算完成了一个长头。

也许在旁人眼里，这条朝圣路是艰辛的，可信徒们却矢志不渝地磕向他们心中的拉萨。他们从遥远的故乡出发，手戴护具，膝戴护膝，身前挂一毛皮衣物，手握经轮，三步一磕，决不偷懒，更不坐车骑马。因为他们心中的信仰是神圣的，唯有这样，他们才确信能消灾赎罪，能得到神的护佑，永生永世不堕地狱。

我时常为他们的信仰、为他们的虔诚所感动。不管是老年还是少年，不管他们的脸多么粗糙，外表多么零乱，在他们磕长头时，你注视他们的眼睛，就会看见最洁净的目光，是信仰让他们的心灵得到了洗涤和净化。

我们都爱拉萨的天空，但你是否想过，比天空更纯净、更崇高的，也许是人们心中的信仰。

12. 上海

白天的上海，放眼望去，全是一栋栋用钢筋水泥建成的高楼大厦，像一片石头森林。夜晚的上海灯火辉煌，五颜六色的灯光像一颗颗彩色的宝石镶嵌在高楼上，仿佛给石头森林穿上了一件五彩霞衣。如果有人问我，是喜欢白天的上海，还是夜晚的上海，我会毫不犹豫地说，我喜欢夜晚的上海。夜晚的上海无拘无束，有一种热血沸腾的真实感。而在白天，上海就像灰白的面具，虽然精致，却透着一股冷漠。每到夜晚，建筑上的灯都亮了，它们像钻石在闪耀。我看到人们携手到外滩散步,谈笑风生;年轻时尚的人们在KTV、舞厅里挥洒着他们的青春,尽情歌舞;热恋的情侣,大声诉说着他们的爱情宣言,在黄浦江边拍照留念。

我爱夜晚的上海,爱它的流光溢彩,爱它的绚丽多姿,爱它真实跳动的脉搏。

13. 上海

早在20世纪三四十年代,上海就被称为“东方巴黎”,无论是百乐门的歌声,南京路的灯光,还是十里洋场的繁华,都让人津津乐道。今天的上海,以崭新的姿态出现在我们面前,浦东、浦西新建的高楼群拔地而起,东方明珠塔绚丽夺目。

然而,生活在这座现代大都市的上海人,近些年掀起了一股怀旧风,开始怀念祖母时代的弄堂,于是新式里弄成了人们的“宠儿”。

里弄建筑将欧洲联体式住宅和中国传统的“三合院”“四合院”相结合。自20世纪20年代开始,上海出现了新式里弄。它用矮墙或绿化带作隔断,生活设备较齐全,是当时比较舒适的住宅。

20世纪20年代后,上海人又转向了花园里弄、公寓里弄。上海陕西南路和复兴中路交界的陕南村,就是代表之一。当时的富商巨贾、军政要员、知名人士都选择在这里居住。

如今,上海的新式里弄完全保留了20世纪三四十年代的外部结构,但内部的装修是现代化的,它的售价已超过同面积的其他别墅。

上海作家王安忆曾在《长恨歌》中这样写道:“上海东区的新式里弄总是放下架子的,……院里的夹竹桃伸出墙外,锁不住春色的样子……”

要了解上海的历史,可以从了解里弄开始。一个云卷云舒的午后走进里弄,便走进了上海。

14. 杭州

“欲把西湖比西子,淡妆浓抹总相宜。”西湖的美景太多了,“断桥残雪”“三潭印月”“雷峰夕照”“苏堤春晓”等著名的西湖十景,吸引了大量游客。

西湖雪景历来受人称颂,“断桥残雪”的意境尤为脍炙人口。洪丞在《断桥闲望》中云:“闲作步上断桥头,到眼无穷胜景收。”断桥背城面山,正处于外湖和北里湖的汇合点,视野开阔,是冬天观赏西湖雪景的绝佳之处。每当瑞雪初晴,站在宝石山眺望,桥的阳面已是冰消雪化,是“雪残桥断”。而桥的阴面却还是白雪皑皑,故称为“断桥不断”。

“断桥残雪”是西湖难得的景观,有人说:“西湖之胜,晴湖不如雨湖,雨湖不如月湖,月湖不如雪湖。”站立在断桥桥头,放眼四望,远山近水尽收眼底,给人们留下了深刻的印象。

断桥还是西湖上有名的情人桥,它的出名与民间传说《白蛇传》有关。白娘子和许仙缠绵悲怆的爱情故事,就是从这里开始的。当两个人历尽磨难,再次断桥相会时,也为断桥添上了一抹浪漫的色彩。

15. 苏州

“无声的诗,立体的画”,也许是对苏州园林最贴切的比喻,诗情画意尽在其中。

苏州被称为“园林之城”,它自古以来便以众多精致典雅的园林而闻名于世。苏州古典园林有2000余年的历史,是东方园林艺术的典范。

苏州园林与它的气候、地理环境有关。它地处长江三角洲,气候宜人,交通便利。特别是到了明清时期,苏州的文化、经济发展到鼎盛时期,造园艺术也达到了顶峰。

苏州的园林设计者不同于一般的“匠人”,他们都有很高的文化修养,能诗善画。造园多以诗为题、以画为本,通过凿石堆山、栽花种树,创造出唐诗宋词般的美景。所以苏州园林重在营造“意境”。

苏州城并不大,而园林却有近200处。园林占地面积也不是很大,充分利用了空间,在有限的空间内,点缀假山树木,安排亭台楼阁、池塘小桥,依附天然,因地制宜,形成了一步一景、以小见大的艺术效果。其中“沧浪亭”“狮子林”“拙政园”“留园”分别代表了宋、元、明、清四个朝代的艺术风格,被誉为“苏州四大名园”。

最别致的是“留园”,所有景物都用曲廊相连,全园曲廊700余米,曲廊随地形而变,或盘于山腰,或蜿蜒于水际,始终不断,使园景延绵深远。

苏州园林有一种婉约之美,科学的空间布局、写意的山水艺术、巧妙的总体构思,给我们留下了很多的启发和思考。

16. 无锡

一块毫不起眼的软泥,经过巧手的揉捏、上色,不多一会儿,就变成了栩栩如生的形象:或是怒目高叫、擎棒而立的孙大圣,或是憨态可掬、咧嘴而笑的胖阿福……这种神奇的本事就来自无锡的泥人师傅们。

无锡的泥人制作始于宋代,明末享誉京城,到了清朝更是红极一时。但是,无锡泥人真正走出国门、为世界所了解,还是在 1980 年以后。

1980 年,无锡市政府出版了一套邮票,邮票上的图案都是泥人。其中,尤以“胖阿福”最引人注目。他憨态可掬,圆脸大头,身着大红袄,十分可爱。这套邮票一经推出,立刻受到国内外人士的欢迎,无锡泥人也因此成了国内外游客争相购买的产品。

虽然俗话说“好酒不怕巷子深”,但是通过无锡泥人推广的案例,我们懂得了巷子太深,好酒也有无人尝的局面。再好的东西不去推广,永远是一块埋藏在地底的金子;没人知道它,也就实现不了它的价值。

17. 西安

牛羊肉泡馍是陕西最著名的清真小吃,号称“陕西一绝”。它是在古代牛羊羹的基础上演化而来的,早在公元前 11 世纪的西周时期,就是王公和贵族们的礼馔。

关于牛羊肉泡馍的吃法,与宋太祖赵匡胤有关。相传赵匡胤早年间贫困潦倒,流落于长安街头,一日饥寒交迫,赵匡胤求牛羊铺舍一勺汤泡馍,吃后饥寒全消。十年后,赵匡胤已是宋朝的开国皇帝。一次,他行至长安,又来到这家牛羊铺,命店主做一碗羊肉汤泡馍。店主忙让妻子烙饼,烙好后将饼掰碎,精心配好调料,用汤煮了煮,还放了几大片羊肉。没想到皇帝吃后大加赞赏,当即赏给店主白银百两。此事很快传遍长安,吃牛羊肉泡馍的人越来越多。由于生意兴隆,店小二来不及给客人掰馍,于是改成客人自己掰,这种吃法一直流传至今。

明崇祯十七年,西安专营牛羊肉泡馍的“老马家”在桥梓口开业,由名厨马建行掌勺,食客盈门,誉满全城。1900年,八国联军占领北京,慈禧太后携光绪皇帝来西安避难期间,特来此店品尝,吃后大加夸奖,并写下“天赐楼”三字。此后,“老马家”改名为“天赐楼”,名声大震。这就是牛羊肉泡馍的来历。

18. 哈尔滨

如果说烟雨朦胧的江南是婉约之美,那么大雪纷飞的北国就是一种凝重之美。而哈尔滨则将这份凝重化为一份童趣,它筑造了童话般的冰雪王国——冰雕。

冰雕艺术是一种以冰为主要材料来雕刻的艺术形式。这种艺术被哈尔滨人发挥到极致。每年的1月5日,哈尔滨的冰雪节在万众期盼下正式拉开帷幕。它与日本札幌雪节、加拿大魁北克冬季狂欢节、挪威奥斯陆滑雪节并称为世界四大冰雪节。

哈尔滨冰雪节上,一处处巨大的冰雕组群与五光十色的彩灯交相辉映,在夜幕中流光溢彩。用冰砖垒成的俄式城堡,标志性的“彩色洋葱头”穹顶,显得富丽堂皇又充满童话色彩;冰雪大滑梯可以让成年人一秒变回嬉戏的孩童。冰雪节期间除了游园会,哈尔滨还会举办冬泳比赛、冰球赛、国际冰雕比赛、冰上速滑赛、冰雪节诗会、冰雪摄影展、图书展、冰雪电影艺术节、冰上婚礼等……

寒冷的天气并不影响哈尔滨人的热情,更不影响哈尔滨人的想象力,他们用冰雪创造出了一个多姿多彩的梦幻世界。

19. 哈尔滨

冰和雪是形影不离的,冬天的哈尔滨是冰雪的世界。冰城的雪种类繁多,各具特色。首先是清雪,米粒般的小小的冰雪粒,星星点点、飘飘悠悠,从天而降,婀娜多姿。远远看去,它们似粉似盐,如烟如雾,亲吻着大地。其次是小雪,它窈窕轻盈,温柔安详,落到人们脸上,立刻融化成颗颗水珠。比小雪大一点的就是大雪,搓棉扯絮、密密匝匝的雪片,铺天盖地,尽情飘落。风小时,纷纷扬扬,翩翩起舞,像蝶翅,又像鹅绒。风大时,那片片“鹅毛”由从容不迫变为匆匆忙忙,天空也灰蒙蒙的,人们管这样的雪叫“鹅毛大雪”或

“棉花套子雪”。当然,气焰最嚣张的要数暴风雪了,尖刀般的狂风夹裹着雪粒,形成缕缕白烟,呼啸着,盘旋着,翻滚着,恰似万条银蛇东奔西突,横冲直撞,刮得人足难迈、身难进、头难抬、眼难睁。

冰城的一场又一场大雪,笼盖万物,把冰城装扮成“银世界,玉乾坤”。

20. 深圳

位于深圳市盐田区沙头角街道与香港特别行政区北区交界处的中英街,由梧桐山流向大鹏湾的小河的河床淤积而成。1898 年刻立的界碑竖立于街心,将原沙头角一分为二,东侧为华界沙头角,西侧为英港界沙头角,故此街道名中英街。中英街以其“一街两制”的独特政治历史闻名于世。不仅如此,中英街周围还有丰富的文化资源,比如中英街历史博物馆、古井、碉堡和警世钟等人文景观,还有吴氏宗祠和老街古巷等民俗风景点。中英街是内地与香港经济文化交流的重要场所,还是购物天堂。走进中英街,历史的沧桑和现代的繁华扑面而来,别有一番风情。

21. 香港

谁说专业街只有广州独有?香港就有几条著名的专业街,如波鞋街、女人街、男人街、玩具街等。这些街的特点就是长长的一条街,卖的是同一类商品,琳琅满目,让人眼花缭乱。

波鞋街是运动商品的集中地,集聚阿迪达斯、耐克、锐步等品牌,体育用品和健身器械应有尽有。

相比之下,女人街的商品更加光彩夺目,500 多个摊位上摆满各式物美价廉的商品,如服装、鞋、化妆品、首饰等,简直是女人的购物天堂。

男人街摆满男人的服装、领带、手表、打火机及各式各样的皮具等,可谓品种繁多,极具特色。

最受孩子们欢迎的就是玩具街了。这里完全就是一个玩具的世界。从闪着红灯的迷你摇篮到“哈里 · 波特”的玩具模型,各类玩具应有尽有,完全可以满足孩子们的需求。

想知道今天的时尚和潮流吗?在香港,你可以感受到时尚和潮流的脉搏。

四、国外地理部分评述练习

1. 印度

印度是一个古老的国度，提起它，我马上能联想到古印度皇宫的金碧辉煌和袅袅神香，还能想到美丽的印度姑娘婀娜的舞姿，脑海中呈现一幅具有异域风情的画面。

我们常看到，印度妇女的额头上有一个红色的圆点，这个圆点被称为“吉祥痣”。吉祥痣通常由朱砂粉制成，点在额头的正中央，即两眉之间。这种习俗有着悠久的历史，最初主要是已婚妇女的标志，象征着丈夫的存在、家庭的平安和吉祥。随着时间的推移，这一习俗逐渐演变，现在不仅限于已婚妇女，未婚女性以及儿童也会点吉祥痣，更多的是作为一种美观的装饰。吉祥痣的颜色和形状多种多样，在不同的场合可能具有不同的含义，但总体上仍然保持着喜庆和吉祥的象征。

2. 俄罗斯

俄罗斯诗人叶赛宁曾说：“假如来自上天的声音向我召唤，抛弃俄罗斯吧，你将会在天堂生活！我会回答：‘我不需要天堂，我只要我的祖国’。这是俄罗斯热爱祖国的坚定信念，这种坚定被莫斯科、被红场、被克里姆林宫、被历史证明着！

1941 年 11 月 7 日，十月革命胜利 24 周年纪念日，德国法西斯重兵包围莫斯科，斯大林站在红场上，挥手检阅英勇的红军方阵。随着隆隆的坦克声，战士们高呼着“乌拉！”，往前线进发。他们在枪林弹雨中前赴后继，一直打到柏林。战争是残酷的，无数苏联人因它丧生。然而，英雄之火将永远在克里姆林宫墙外的无名烈士墓前燃烧。透过燃烧的圣火，无名烈士墓上“你的名字无人知道，你的功名与世长存”的字样似长明灯般在火光中熠熠生辉。这是苏联人民对英雄的纪念。卫国战争是苏联人民以坚韧不屈的品格谱写出的一段震撼人心的历史。

1991 年 12 月 25 日，这个看似平常的圣诞节，历史和当时的苏联开了个不小的“玩笑”。戈尔巴乔夫在电视台以不安的情绪宣布辞职。

人们以为苏联完了！俄罗斯完了！红场完了！

时间继续向前飞驰,人们发现,事实并非如此。坚强的俄罗斯人还在,莫斯科还在,红场还在,俄罗斯早已度过了经济困难时期,它照旧在迅速地发展,仍然是世界强国。

假如来自上天的声音向他们召唤:“抛弃莫斯科吧,你们将在天堂生活!”我相信他们会回答:“我们不需要天堂,我们只要祖国!”

3. 莫斯科

莫斯科原是“沼泽和密林”的意思,最早出现在12世纪,是商贸洽谈地。后来德米特里大公用坚固且防火的白石修建城墙与塔楼,这里因此被称为“白色石头城”。16世纪,这里是最大的贸易中心,也是行刑的地方,后来改名为“红场”。

莫斯科也是一个文化城市。俄罗斯国立图书馆是世界上最大的图书馆之一。

莫斯科地铁,是交通与艺术的完美结合。它是1935年建成的,风格独特多变,造型美轮美奂。莫斯科地铁呈辐射及环形线路,共有11条线路由城中向郊区辐射,承载莫斯科一半以上的客流量。地铁墙上挂有科学家、文学家、艺术家的巨照,文化气息浓厚。

莫斯科大剧院是世界有名的大剧院。如果说莫斯科是文化艺术的殿堂,那么,莫斯科大剧院就是这殿堂里的一颗明珠。

莫斯科人喜欢看戏听音乐,他们认为这是一种高级享受。他们进剧院很注意着装;从不迟到、早退;在剧场内不喧哗。他们既懂得尊重自己,也懂得尊重他人。

总之,莫斯科是一座文化之城、艺术之城。

4. 圣彼得堡

圣彼得堡位于芬兰湾东部涅瓦河口,涅瓦河及其支流将其分割成42个岛屿,由400多座桥梁连接而成。它的河流岛屿与桥梁的数量,均居俄罗斯之冠,有北方“威尼斯”之称。

1703 年,彼得大帝在涅瓦河三角洲的兔子岛上,建立了彼得保罗要塞。后来逐渐扩建为之后的圣彼得堡。

圣彼得堡已有 300 余年的历史,风景秀丽,有多处保存完好的名胜古迹。圣彼得堡的建筑很有特色,18 世纪早期的建筑深受巴洛克风格的影响。18 世纪后期的建筑则受新古典主义风格的影响,代表建筑有莫尔尼宫、冬宫、大理石宫等。

圣彼得堡曾三易其名。1712 年至 1914 年称圣彼得堡;1914 年至 1924 年更名为彼得格勒;1924 年列宁逝世后,改名为列宁格勒;1991 年后又恢复成圣彼得堡。

圣彼得堡是一座见证了历史变迁的城市。虽几经风雨,却保留了它独有的光辉,在历史的长河中,灿烂而隽永。正如俄罗斯人所说:“如果你没去过圣彼得堡,就等于你没去过俄罗斯!”

5. 伦敦

提到伦敦,我的脑海中就会浮现这样一幅画面:一排排的烟囱上布满了黄色的烟雾,伦敦被黄色烟雾笼罩着。

随着蒸汽机的发明及珍妮纺纱机的推广,工业革命到来了。随着工业革命的发展,整个伦敦沉浸在了机器的轰鸣声中,伦敦安上了一排排的烟囱,戴上了黄色烟雾的帽子。伦敦的天空不再晴朗,环境变得污浊不堪。黄色烟雾使很多伦敦人患上了各种呼吸道疾病,致使一万多人死亡。很快,伦敦人就意识到了这种危害。他们将那一排排带烟囱的厂房搬到了郊区和临近的卫星城市,并采取了一系列措施去改善环境。

当我们身处如今的伦敦,抬头看见的是晴朗的天空;当我们漫步于伦敦街头时,嗅到的是清新的空气。

6. 法国

说起法国,人们很自然地就会想起那座耸立于巴黎市中心战神广场上的埃菲尔铁塔。它是 1889 年为了迎接在巴黎召开的世界博览会而修建的,它的诞生不仅标志着全世界最高建筑记录的刷新,更标志着全新建筑技术的突破。因为在当时,用铁建造这样一个庞然大物还属首次。

埃菲尔铁塔初始高度312米,是当时世界上第一个超过300米的建筑。在巴黎的民间,流传着这样一种说法:只要能爬到埃菲尔铁塔的最顶端,呼吸一口新鲜的空气,就能治好你的麻疹。可见人们对铁塔高度的惊叹与崇拜。

铁塔周边设施齐全,有咖啡馆、网球场、美发厅等。铁塔共分三层,每层都设有眺望台。在最顶层的眺望台,人们可欣赏整个巴黎的风光。

铁塔刚建成的时候,很多人感觉这堆钢铁与巴黎整个城市的建设很不相称。今天的埃菲尔铁塔却成了巴黎乃至整个法国的标志和骄傲,因为它最能证明法国人的创新精神。

7. 意大利

意大利人有一种习俗,就是在新年的前夜,随手将自己用过的东西扔出去,大到电视机、电脑、微波炉,小到鞋子、毛巾和牙刷。他们从不在乎扔了什么,而是相信旧的不去、新的不来,希望在新的一年有新的气象、新的开始,有好的运气。

意大利最著名的披萨饼,据说当初是一个厨师做面包时,无意间将面和稀了,在无法拯救的情况下,干脆把菜和肉放进去一起烘烤,没想到,这随意的搭配美味无比,成为今天风靡世界的美食。

比萨斜塔是世界著名建筑之一。比萨斜塔在初建时,出现了计算错误,建成后,塔顶中心点偏离垂直中心线2.1米,意大利人将错就错,就叫它斜塔。现在斜塔塔顶已偏离垂直中心线4.4米(2024年),但仍然允许世界各地的游客上去参观。

俗话说"有心栽花花不开,无心插柳柳成荫",意大利处处体现了这种顺其自然、随遇而安的处世哲学和民族性格。

8. 意大利

在欧洲的五大联赛中,若论防守的坚固,首推意大利足球队。在全世界所有国家队中,若谈到防守能力,意大利足球队是无可争议的折桂者。

意大利球队的铜墙铁壁,曾让多少支攻势猛烈的球队无可奈何,曾让多少支无坚不摧的利箭铩羽而归。

但是防守终究是有漏洞的，面对巴西、荷兰等一些具有超强攻击力的球队，意大利人的后防线往往就成了漏球的筛子。

其实，论防守，巴西、荷兰都无法与意大利相比，但因为他们是不断地向目标发起进攻，而不是消极地等待他人进攻，所以往往能取得胜利。

所谓最好的防守是进攻。在我看来，与其等待生活给予你压力，不如主动向生活、向困难、向目标、向成功进军！

9. 希腊

雅典奥运会筹备时期，面对工程不理想的情况，曾有人戏谑道："看到你们的建设效率，我才知道为什么当年的特洛伊战争打了整整十年。"但希腊人用他们精彩的开幕式折服了所有人。

在开幕式上，他们用一种简约而清晰的方式，表达了对生命的理解。一系列人形雕塑，则让人明白了美的含义。所有演员全身涂满白色，在一条传送带上缓慢而优雅地摆出各种造型。这样壮观而优美的形象，不禁让我想起希腊人对神的定义——只是比人更高、更快、更强；让我想到庄严的雅典卫城，那每一块砖头上，记录了多少历史的变迁；让我想到静穆的雅典娜神殿，那持盾而立的塑像中，有多少伟大的思想。

雅典开幕式，无疑是一个文化的盛筵，它向我们展示了一个伟大的民族，讲述了一段美丽的历史。

10. 奥地利

维也纳享有"世界音乐之都"的美誉。18 世纪这里是欧洲古典音乐的摇篮，19 世纪又成为舞蹈音乐的重要发源地。

维也纳坐落在阿尔卑斯山北麓的维也纳盆地中，多瑙河穿过市区，维也纳森林伸展在城市西郊，风景如画。

维也纳与音乐渊源深远。贝多芬、莫扎特、舒伯特、舒曼、勃拉姆斯、瓦格纳、约翰、施特劳斯等著名音乐家都在此工作、生活过。维也纳还保存着许多世界著名音乐家的故居和遗迹。

贝多芬像在一个广场中央，这位德国伟大的音乐家，17 岁就来到维也纳，他创造的《英雄交响曲》，表达了他憎恨专制暴政、热爱民主自由的进步倾向。莫扎特像位于一座公园中心。才华横溢的他只活到36岁,而他生命的三分之一的时间是在维也纳度过的。

伟大的艺术家们虽然已经离开了人世,但他们不朽的艺术作品永远回荡在维也纳湛蓝的天空中。奥地利金色大厅里音乐的旋律属于全世界。

11. 加拿大

落基山脉是世界上最美丽的山脉之一,那里的峰峦、冰川、瀑布、山涧、温泉、森林都是原始而美丽的。

有人说,加拿大的落基山脉是一座可以膜拜的神庙。在这里,你会感到造物的神奇、天地的广阔和自我的渺小。落基山脉少有人烟,你可以享受独处的清幽,享受与大自然亲近的乐趣。

落基山脉四季阳光普照,气候宜人。春天山谷一片新绿,百花盛开;夏季郁郁葱葱,凉爽宜人;秋天满山枫叶,层林尽染;冬天白雪皑皑,冰清玉洁。四个季节各有不同。但不论是哪个季节,湖泊、河流、瀑布、温泉、冰川都有一种大自然的静谧和肃穆。

在落基山脉的公路上,经常有野生动物穿越,这时你会看到很多人将车停下来给动物让路,人们对动物有一种发自内心的热爱和关怀。

正是因为人们对落基山脉的保护,这片土地才得以保留了大自然最初的面貌。因此,它也成了人们舒展身心、释放自我的好地方。

12. 纽约

纽约是一个自由的城市,是一个让你哭、让你笑的城市,是一个痛苦和欢乐并存的城市。这里有来自世界各地、各个种族的人,他们在激烈的竞争中生活着。正如有人说:“如果你爱一个人,送他去纽约吧,因为那里是天堂;如果你恨一个人,送他去纽约吧,因为那里是地狱。”

纽约是世界上最现代化、最发达的城市之一。一到纽约,首先映入眼帘的就是直入云霄的建筑。当你走遍城区,又会意外地看到,这里还有乔治王朝、新古典主义风格的建筑,有的还融入了文艺复兴时期建筑的特点。

纽约是美国的金融贸易中心。纽约的华尔街操纵着美国的经济命脉,影响着全球经济。世界经济巨头在这里活动,因此华尔街也是财富的象征。

摩登购物广场出售全世界最时尚、最华贵的商品，连英国王室也来这里采购。

纽约就像一张不协调的画。如果它协调了、完美了，也许就失去了它的魅力、它的个性、它的与众不同，那也就不是纽约了。

13. 澳大利亚

澳大利亚是唯一一个领土覆盖整个大陆的国家。这里有闻名世界的建筑——悉尼歌剧院，它被称为“澳洲之莲”，远远看去又像层层白帆；还有神秘的土著文化，他们所供奉的方柱人形图腾，让人感到古朴、神圣。而那辽阔无边的绿色草地和树木，不能不让人想到澳洲特有的动物——考拉。

考拉是一种非常可爱的野生动物，它长着一张小小的线条柔和的脸，一只黑油油的鼻子，一双圆圆的眼和毛茸茸的短耳朵，加上一身又厚又密的灰色毛皮，显得憨态可掬、滑稽可爱，像个乖乖的小孩子。成年考拉只有70—80厘米高，四脚比较短小，尾巴已经逐渐退化成一个“坐垫”，所以它能长时间坐在树上。它跟袋鼠一样，都属于有袋动物，但它的口袋是朝后的，因此我们经常会看到，考拉妈妈背着它的孩子，睡在树上。它们每天要睡17—20小时，远远看去颇为温馨。考拉是不喝水的，因为它们吃的桉树叶中含有大量的水分。

近年来，市场上出现了许多考拉毛绒玩具，深受大家的喜爱。看来，澳大利亚的考拉受到了全世界人民的喜爱。

14. 非洲

非洲最早没有国界，这片土地拥有广阔的沙漠和草原，大多是游牧民族。被殖民主义奴役后，90%的国界线是以地球的经纬线来划分的。非洲大陆国家，多在19世纪60年代后建国。

非洲的传统住宅是茅草房。这种房子四周用木柱支起，围上藤草、糊上泥沙，室内有各种图画。这种房舍已有几千年的历史。

非洲的鼓也非常有特色。有些鼓由工匠设计制作，属个人所有，除个人外任何人不能动用。鼓可以敲打出诗歌、颂词、语言的节奏，以此来传递信息,称“鼓语”。鼓的各种节奏都是人们发自内心的表达灵魂的渴望。

起源于美国民间的黑人音乐“布鲁斯”,也叫“蓝调”,是一种即兴演奏的艺术形式,其旋律反复,歌词也即兴,所以能真实地表达一个人的情感。现在,“布鲁斯”音乐已流行于全世界。

东非大裂谷是地球的“伤痕”,形成了天然蓄水池,它被称为广袤草原的人间仙境。

非洲是世界第二大洲。考古证明,200 万年前,非洲已有石器,尼罗河及尼日尔河流域很早就出现了人类文明。所以,非洲有从猿到人的全部化石,还有至今仍是不解之谜的众多的巨大人头雕像。

在 20 世纪 60 年代后期,非洲有些国家发展很快。非洲有丰富的资源,一旦开发,定会给非洲带来财富,带来发展和进步。

五、历史评述练习(东周、秦、西汉、东汉)

1. 齐灵公废止女着男装

如今我们走在街上,常会看到一些女孩穿着男士服装,既时尚又个性。其实,女士穿男装在春秋时期就流行过。

春秋时期,齐国的齐灵公喜欢看女子穿男装。为了讨好他,宫中所有的妃子、宫女都脱去裙子,换上了男装。不久,齐国的女子纷纷效仿,也都穿上了男装,形成了一种风气。

这也招来了不少麻烦。比如征兵的时候,男女穿一样的衣服,地方官们分不清男女,很是头痛。齐灵公也觉得不合适,于是下令禁止民间女子穿着男装,如有违抗者,就撕碎她的衣服,再割断她的腰带。可是过了好久,这种风气丝毫没有改变。齐灵公便请教晏子,晏子说:“只要大王禁止宫中女子着男装,那么老百姓就会改过来的。”果然,按照晏子所说的,过了半个月,女着男装的风气就消失了。

这是一个很有趣的故事,从中我们不难看出,所谓“上行下效”的道理。

2. 孙武训练女子军队

我国历史上，第一支训练有素的女子军队的教官，就是东周时期吴国的孙武。

相传，孙武被推荐给吴王。吴王和孙武促膝长谈了整整一夜，吴王非常钦佩孙武的军事才能，但口说无凭，于是想通过实践来印证一下。他决定让孙武把后宫的嫔妃整顿成训练有素的军队，以此来测定孙武的练兵才能。

后宫的嫔妃整日歌舞升平，一听说要练兵，个个笑得前仰后合，而且在训练的过程中嬉笑打骂，带头闹得最凶的就是吴王最宠爱的两个妃子，所以大家根本不听孙武的调遣。孙武三令五申，她们仍不遵守军纪。为了严明军法，孙武下令将吴王最宠爱的两个妃子处死！吴王刚想求情，孙武便说："将在外，军令有所不受。"仍然杀了那两个妃子。后来，嫔妃们再也不敢造次。经过严格的训练，这些后宫的女人们果然成了一支训练有素的队伍。

训练军队需要军法军纪，不管做什么事情都需要有规矩。俗话说得好，"没有规矩，不成方圆"。

3. "秦"字的由来

传说汉字是我们的祖先仓颉造的。但仓颉所造的字数量有限，后人不得不造出更多的字来满足需要。

嬴政统一中国之后，不知该立什么国号。当时的秦写作"栔"，秦始皇心中不悦，因为他觉得一国不能有二王。于是，他决定再造出一个字来代替"栔"字。一天，他问手下："开天辟地以来，谁的功绩最大，史书上可有记载？"有一官员答到："全都记载于《春秋》当中。"嬴政听后很高兴，说："既然《春秋》是记载功绩，寡人德及三皇，功高五帝，那我就占春秋各半来作为国号吧。"于是，他提笔写了一个"秦"字。众人一看，果然是取"春""秋"各半，都称赞他才智过人。嬴政即改国号为"秦"，自称秦始皇。

汉字不仅代表一个意思，还含有造字者的智慧和意图。四四方方的一个个汉字背后都有一个故事。中国文化博大精深，研究中国的文字，会给你带来知识和乐趣。

4. 孟姜女的传说

相传,在秦国有一对姓孟的老夫妇,他们无儿无女,就在自家院子的墙边种下了葫芦,老两口像呵护儿女一般培育着葫芦。小葫芦越长越大,有一天竟长到了邻家的院中,邻家姓姜,见到葫芦甚是喜爱。终于葫芦成熟落地,“嘭”的一声,竟从中蹦出一个面目清秀可爱的小姑娘。孟家和姜家都喜爱她,就给她起名叫“孟姜女”。

孟姜女长大了,不仅美丽,而且能干,十里八村都知道她。一天,孟姜女正在院中做女红,忽然听到院外有野兽的叫声和咚咚的跑步声。正在猜想,突然一个大汉站在了孟姜女的面前。他身材魁梧,面目英俊,孟姜女完全被他吸引住了。这个人就是孟姜女后来的丈夫万喜良。两人相爱,很快喜结良缘。婚后三天,万喜良就被抓去修长城,一去就是三年。孟姜女思念丈夫,便带上做好的棉衣来到长城脚下看望万喜良。她找了很久,才从同乡那里知道,丈夫在一年前就累死了。孟姜女三天三夜痛哭不止,竟哭倒了八百里长城!

孟姜女是一个传说,但长城是真实的存在,修建长城给当时的百姓带来的痛苦是难于言表的。万里长城可以说是由万里白骨堆积而成的,它是中国劳动人民的血泪筑成的,是劳动人民劳动的结晶,所以它是中华民族的象征。

5. 秦朝的血泪历史

秦朝的历史是与血泪分不开的,当我们今天回溯这段历程时,仍能嗅到隐约的血腥味。中国历史上第一个大一统的王朝——秦,是从一片猩红中走来的。

谈起秦朝,要提到两件事。第一件事是秦与六国最激烈的战斗——函谷关之战。六国合力攻函谷关,当六国兵将正在关外踌躇之时,秦兵开关杀来。趁六国兵士慌乱之际,秦军重挫六国士卒,死者无数、尸横遍野、血可浮橹。这是一场历时不长但死伤惨重的战斗,也是秦王朝建立之前关键的一战。

第二件事便是秦王朝建立后,嬴政为了实现其野心,满足其欲望,横征暴敛、搜刮民脂民膏、修阿房宫、修始皇陵、修长城、修直道(从咸阳直通九原城)等,结果搞得国库空虚、民不聊生。这就迫使陈胜、吴广揭竿起义,不仅数万民众纷纷响应,就连贵族也参加了起义。短短四年,刘邦就攻进了咸阳城。

秦王朝是短暂的,只有区区15年。它在杀戮中建立,在对百姓残酷压榨中存在,最后在漫天义旗中结束。一个伴着血雨腥风的王朝,必定是短命的王朝。

6. 李斯与《谏逐客令》

“秦王扫六合,虎视何雄哉。”在波澜壮阔的春秋战国群雄争霸之后,秦王嬴政独具慧眼,以不凡的谋略、强大的军事力量和铁腕政策,横扫中华大地,一统江山,成为中国第一位皇帝——秦始皇。然而,国无良才则亡,房无良柱则倾。秦始皇能成就大业,身边最重要的智相就是李斯。

当时,韩国派出奸细郑国入秦,想借修水利为名,耗费秦国国力,使之不能攻打韩国。秦始皇不知内情,就令郑国修一条渠,从陕西泾阳县西北,引泾水向西到焦泽作为渠口,沿北山南麓,引水向东伸展,经三原、富平等县,在大荔县东南注入洛水。这项工程极为浩大,耗时长,需要大量人力、物力、财力。当工程进行到一半时,秦始皇发现了郑国的底细,一怒之下,颁发了《逐客令》,规定凡是在秦国的客卿,一律驱逐出境。

重臣李斯也在被驱逐的名单中,他只好离开咸阳,虽在途中,但心仍不死,苦思冥想之后,写了一篇《谏逐客书》,转呈秦始皇。

这篇文章引古喻今,他说,昔日秦穆公求贤若渴,从不问国籍,从西方犬戎得到由余,从楚国买来百里奚,从宋国迎来蹇叔,从晋国得到丕豹、公孙之。正因为有了这些能臣,秦国才得以强大。他高瞻远瞩地指出,物品不产于秦,可珍贵的却很多;贤士不生于秦,而有意尽忠者却大有人在。现在逐客以资敌,损民以益仇,致使国内空虚,国外树仇怨于诸侯,这样要想求得国家没有危险,是不可能的。

正是这篇言辞铿锵、有理有据的《谏逐客书》,使嬴政回心转意,恍然大悟,立即撤销了《逐客令》,召回了李斯和众客卿,并继续让郑国修渠。最后,郑国用了十年时间,终于修成了300多里的郑国渠,使关中四万亩土地得到灌溉,形成了稻花飘香、沃野千里的景象。

李斯的《谏逐客书》及时纠正了秦王的一次重大失误,为秦国继续引用人才起到了关键的作用。由此可见人才的重要。“泰山不拒土壤,故能成其大;河海不择细流,故而就其深。”所以,英雄莫问出处。而秦王嬴政,正是接受了李斯的进谏,“不问出处”才得英雄,才使秦国更加富足强大。

7. 王昭君

古人认为,美人应以玉为骨、雪为肤、花为貌、月为神、杨柳为姿、芙蓉为态、秋水为眼、诗词为心。由此可见,美人应该是秀外慧中、内外兼修的,王昭君便是中国历史上公认的美女。

西汉时期,匈奴频频侵犯汉朝边境,百姓受尽凌辱。而当时西汉百废待兴,没有足够的力量攻打匈奴。为了缓和与匈奴的矛盾,汉朝朝廷只有用美女去和亲,换回休养生息的时间。

当时,匈奴单于呼韩邪向汉元帝求亲,于是汉元帝决定,在皇宫中选一名女子前去和亲。后宫的女人们个个胆战心惊,害怕选中自己。塞外人烟稀少,又是苦寒之地。她们不愿远嫁匈奴,远离家乡,从此再难与亲人相见。正在这时,后宫有一名女子站了出来,表示愿意去和亲,她叫王嫱,也就是王昭君。

后宫选妃都要由画师画像,然后送给皇帝挑选。当时的画师叫毛延寿,后宫的女人们都给他塞礼物,以求他把自己画得漂亮一些,免得流落塞外。而王嫱(昭君)不愿意送礼,因此,画师毛延寿不仅把她画丑了,还在她的画像上多点了一颗痣。当汉元帝看到画像,又听说王蔷愿意去和亲时,立即就同意了。

当匈奴单于呼韩邪迎亲的那天,汉元帝才恍然大悟,原来王嫱(昭君)有沉鱼落雁之貌。他懊悔不已,下令杀了画师毛延寿,但已来不及了。昭君怀抱琵琶,缓缓跨上马背,出塞了。

昭君带去了工匠、农具、种子、药品、书籍和各种知识及先进的农耕技术。在那里她教会了匈奴妇女织布纺纱,还建议单于呼韩邪改革匈奴人落后的风俗习惯,学习汉族文化,使匈奴人的生活得到了改善。昭君弹得一手好琵琶,又关心百姓疾苦,很受呼韩邪的喜欢,更深受匈奴人民的爱戴,百姓们尊称她为“明妃”。另外,她还经常给汉朝天子送信和特产,汉朝也不时送一些贵重物品给匈奴,双方一直友好往来,使汉朝和匈奴边境60年没有战事,双方都得到了很好的休养生息。王昭君是一位和平使者。

从昭君身上我们明白了这样一个道理:美不只在于外貌,还在于善良的内心。至今王昭君的坟冢青草茂密,四季常青,也许这是天地在向这位美丽的女子表达永恒的关爱和敬意。

8. 刘邦吸纳贤能

能够当好领导的人,并非自己样样都能,而是能吸纳贤能。

汉高祖刘邦登基之后,在皇宫中大宴群臣。酒喝到半醉的时候,刘邦说:“各位大臣可以开诚布公地谈一下,说说为什么我能得到天下,而项羽却没得到。”有位大臣借着酒劲儿站起来说:“拿陛下跟项羽的待人比,陛下爱发脾气,开口就骂;项羽讲礼貌,而且尊敬人,这是您比不过项羽的地方。但陛下奖惩严明,打了胜仗就有奖赏,让大家都能得到好处;项羽却嫉妒心很强,谁有功劳就排斥谁,谁有本事就怀疑谁。因此,他没有得到天下。”

刘邦笑答:“你说得对。要论运筹帷幄,决胜千里之外,我比不上张良;要论治国安邦,安定百姓,我比不过萧何;要论带兵上阵,战无不胜,我比不上韩信。这三个人都是人中俊杰,而我能重用他们,这便是我能够得到天下的根本原因。而项羽虽有范增,但不能正确地任用,这就是他失败的原因。”

项羽嫉贤妒能,刚愎自用,树敌太多,因此注定被招贤纳士、用人所长的刘邦打败。

如果你能集众人之所长、用众人之所长,就会像刘邦一样,得到更大的成功和辉煌。

9. 蔡伦与造纸术

在纸发明以前,人们常常把字刻在竹简上,但竹简携带不便;还有的人把字写在丝帛上,但丝帛非常昂贵,不能普及。东汉宦官蔡伦经过观察,发现丝帛当中含有的纤维,在许多破布、烂渔网、树皮中都存在。于是,他找了许多被人们遗弃的废物,放在缸中捣烂。经过无数次的加工和实验,他发现其中的一些粗纤维根本无法溶解。他苦思冥想,忽然想到了石灰。于是,就在溶解物中加了一些石灰。没想到石灰不仅能溶解粗纤维,还有漂白的作用。终于,白皙光滑的纸张在千百次的实验中创造出来了。

造纸术的发明,给人们的生活带来了极大的便利。因其原料简单,价格低廉,受到人们的欢迎。更重要的是,它对中华文化和历史的传承起了重要的作用。蔡伦也因此名垂青史。

10. 张衡的科学发明

汉朝时,我国的科学技术飞速发展,天文学、地理学、数学和医学更是遥遥领先于世界。当时,有一位著名的科学家,他在天文学和地理学上都有惊人之举,他就是生活在东汉时期的张衡。

张衡,字平子,今河南南阳人,能五经,贯六艺,官至尚书。在天文方面,他发明的浑天仪以漏壶的流水为动力,通过齿轮系统带动,能模拟天壳的浑象,一天转一周。在地理方面,他发明了地动仪——世界上第一架测量地震方向的仪器。地动仪用铜铸成,像一个酒樽,中间有一个铜柱,周围并列八个方向的机械,外围有八条铜龙,每条龙嘴里衔一个铜丸。哪个方向地震,对应方向的龙会吐出铜丸落到下方蟾蜍的嘴中,发出清脆的响声,人们就可以知道地震方向。

东汉谶纬盛行,以张衡为代表的科学家们尖锐地抨击谶纬之学,主张应予禁绝。张衡此人就是反对神学迷信的集中体现。

11. 九章算术

我国在西周时就出现了天文历法,算经十书之一的《周髀算经》就是其中的代表作。但将先秦以来的数学成就系统总结的却是东汉时期成书的《九章算术》。

《九章算术》,全书共分九章,即算术的九个类别—九数,分别是(1)方田:用分数四则算法和平面形求面积法,计算田亩面积。(2)粟米:粮食按比例交换的计算方法。(3)衰分:分配比例的算法。(4)少广:开平方和开立方法。(5)商功:立体形求体积法。(6)均输:管理粮食运输均匀负担的计算法。(7)盈不足:盈亏类问题解法。(8)方程:一次方程组解法。(9)勾股:勾股定理的应用和简单的测量方法。

可见,《九章算术》对数学方面的问题已有较为系统的研究,尤其负数、分数计算,一次方程解法都是具有世界意义的,是我国在世界数学史上光辉的篇章。

六、自然景物评述练习

1. 月亮

我曾经读过不少古诗词,发现诗句中描写的月亮竟没有一个是相同的。

“春江潮水连海平,海上明月共潮生。滟滟随波千万里,何处春江无月明。”《春江花月夜》中的月是美丽而沉静的,带着诗人淡淡的哀愁和对故土的思念。

“人有悲欢离合,月有阴晴圆缺,此事古难全。但愿人长久,千里共婵娟。”这里的月映射出了人世间的悲喜,承载了美好的期许。

“月上柳梢头,人约黄昏后。”这里的月成为有情人的红娘,一缕月光牵出了两颗羞涩的相爱的心。

“无言独上西楼,月如钩。”一轮弯月,“钩”出了国仇家恨,“钩”出了无尽景物依旧、人事已非的愁绪。

“举杯邀明月,对影成三人。”此时的月映出了李白的孤独与超然物外、与天地同醉的豪放。

读得越多,我便越觉得人生如月、月如人生,境由心生、月由心生。

月的变化无穷无尽,但只要人们懂得欣赏,它的每一个阶段都是美丽的。人生也是一样,生命的际遇有各种各样的不同,也许有悲伤,也许有挫折,但用美好的心灵、宽容的态度去面对,你就会发现其实人生的每一处都是一道风景线。

所以,请你静下心来,好好地欣赏每一时的月亮;也请你放慢脚步,好好欣赏每一刻的人生。

2. 望月思古

孤宿长江边,透过窗帘缝隙,我看到了一小片天。眼前,天边最后一抹绛紫渐渐转为深蓝,一点一点地,黑定了。一轮明月缓缓升起。我忽然想起张若虚的《春江花月夜》:"江畔何人初见月,江月何年初照人?人生代代无穷已,江月年年望相似。"

今夜,天暮中这轮月既是秦淮河上与灯火交融的缠绵的月,也是边关大漠独与云天相往来的冷寂的月;既是唐代李白诗中的思乡月,又是宋代范成大笔下的东厢月。明月常圆,但那辉煌的、悲壮的几千年历史已被这日精月华融成水,随长江源远流长。

试想秦始皇当年同样站在这片天空下,借着皎洁的月光远眺这块被他征服的国土,心中想着秦朝要一代、两代、三代,甚至千千万万代地延续下去。谁知短短14年后,一次农民起义就结束了秦王朝的统治。接下来,项羽的大军火烧阿房宫,洗劫秦皇陵,一个强大王朝就这样灰飞烟灭。

这轮美月究竟见过多少战火硝烟,多少生离死别,多少人情世故?皓天永存而人生短暂,明月常圆而人情难圆。这明月下多少英雄豪杰战死沙场,多少王公将相建功立业,但如今也只有任凭后人评说。世事流转,日月经天,我不禁在想,我们应该如何面对功名利禄,如何面对人生的选择?长江水后浪推前浪,人生的价值到底该怎么估量?

3. 月的遐想

我喜欢抬眼望天,不只因它的蔚蓝,还为那深深的黑幕上有一轮变化的月,它能让单调的颜色富有表情与灵气。

不同形态的月让人产生各种遐想与感慨。月有阴晴圆缺,正如人生有聚散离合。人们常常追求事物的圆满与完美,但世上事哪有十全十美?我欣赏弯月残缺的美丽,因为它更能体现真切的人生。

抬头望天,我热爱这美丽的夜空,在它的深沉注视下,我更加珍惜这千姿百态的人生。

4. 夕阳

太阳快要落山的时候,总是尽最大的努力把光芒留在人间。它似乎憋足了劲，把西天绘得通红。当最后一缕红光散去，夕阳最后一丝能量也燃烧殆尽。

“夕阳无限好，只是近黄昏。”人们总有对夕阳的同情、怜悯和惋惜。

而我喜欢“长河落日”的壮美，那即将逝去的夕阳，并不需要怜悯和同情。因为在已经过去的早晨和中午，太阳曾经辉煌、灿烂过，就算在这黄昏逝去，人们也会记住它的灿烂、感谢它的光辉。夕阳并没有满足于过去的辉煌灿烂，还要把最后的美留给人间。夕阳的逝去是壮美的，我对它充满景仰和敬佩。

夕阳逝去，我们不必惆怅、不必哀伤。明天雄鸡啼鸣的时候，夕阳又会获得新生。

天色渐暗了，那西天的晚霞还是那样光彩夺目，那血红的光芒把大地映得通红。天色更暗了，夕阳渐渐隐去，那燃烧的晚霞也渐渐熄灭。但我知道，明天，那东边的天空又将出现火光一样灿烂的朝霞。朝霞过后，一轮红日又将冉冉升起。

5. 鹰

我静静地躺在草地上，仰望浅蓝色的天空。没有风的长空，更使人感到广阔与神秘，蓝天下渺小的我在孤独面前显得不堪一击。

忽然，一个黑点儿在天海间激起一丝涟漪。它在云与天之间慢慢地划动，时而直进，时而盘旋。是鹰！对，是一只孤独的鹰。在我看来，它是如此渺小，只是一个黑点儿，甚至时隐时现，可它却能以这渺小的身躯穿梭于云天，用一双犀利的眼睛傲视天下芸芸众生。它撕裂了云朵，划出一道美丽的弧线。它孤独但矫健的身躯越飞越高，慢慢消失于天际。

在鹰看来，天并不神秘，自己并不渺小，孤独也并不可怕。它自由地翱翔于苍穹之下，俯视大地。在它的眼中，那些躺在草地上甘愿因孤独烦恼的人才真正渺小。

6. 雪花

故乡的天空是有情的。

去年春节，我从南国特区乘火车北归，同车厢的几乎都是回家过年的四川打工仔、打工妹,拥挤而嘈杂。

火车在有节奏的轰鸣声中驶入了四川边界,疲惫的人们昏昏欲睡。突然,不知是谁大叫了一声:“快看,雪!”只见星星点点的雪花轻柔地从天空飘落。车厢里的人们激动起来,有个打工妹禁不住泪光盈盈。

那一刻,我心中一颤。这些劳作在异乡的打工仔、打工妹,以青春的明媚抵挡了多少严寒酷暑,那份磨炼出的坚韧却在故乡的一片雪花中酥软。

或许不知有多少次,故乡轻柔的雪花悄悄地飘入游子的梦中。不知有多少次,梦中游子思乡的泪水浸湿了枕巾。今天,这富有灵性的雪花终究遂了人们的心愿,载着一份深情、一份企盼,随着游子归来的脚步,轻轻飘落。

7. 颜色

穿过无数灿烂的黎明和阴暗的黄昏,地球被不断粉刷着—嫩绿、蔚蓝、金黄,或是一片洁白……

首先,让我们来到春天的大草原。大地上的绿色是望不尽草浪层叠,让你感受到大草原宁静的绿色中所蕴含的勃勃生机。

在大地众多的颜色当中,占地球面积最多的是海洋的蓝色。海洋总是那样热情美丽,总能够包容一切。我喜欢让自己完全融入一片蔚蓝,戴上氧气瓶,潜入海底,去发现和感受海底世界的新奇与美丽。

金黄色一直是我的最爱,因为它是大地最富有诱惑力的颜色。秋天的大地上,飘着金黄色的果香。收获的麦田里,土地露出满足的微笑,每个人都沉浸在丰收的喜悦中。

最后,让我们回到大地所有颜色的本源——白色。每年冬天,当雪把大地打扮得银装素裹的时候,你有没有想过这是春夏秋冬、五湖四海不同颜色的交错重叠呢?

我相信大地每一种颜色,不管是黑的还是红的、黄的还是绿的,都会在我们眼中映射出不同的风景。于是,辽阔的大地就是一条无限延伸的七彩大道。

8. 土地

“为什么我的眼里常含泪水,因为我对这土地爱得深沉。”这是艾青的诗《我爱这土地》中我最喜欢的一句。不仅诗人爱这土地,我也深爱这土地。土地孕育了生命，让世界充满了生机，它无私地将自己的一切奉献，却不求回报。

一次，我坐在树下歇脚，忽见空中徐徐飘下几片泛黄的树叶，它们似乎不带一丝留恋，无声无息地落在地上。这时，我不禁想起记忆中的一幅画，画中是一条笔直的道儿。道儿的两旁栽着整整齐齐的树，而道儿上已铺满了金黄金黄的树叶。整幅画呈现出一片怡人的秋色，偶尔几束光线透过树林斜射在金光闪闪的道儿上，更加让人充满向往。

想那片片树叶还是绿色时，赋予它们活力的正是这土地，是土地滋养了它们的根须。岁月溜走，当叶子的光彩逝去，它会飘然落下，入土为安。

落叶充实根须，给新叶提供养料。之所以落叶会这般坦然，是因为它从来没有忘记过根对它的情意。就像一位漂泊在外的白发老人希望返回家乡一样，绿叶枯萎之时也想要落叶归根，这是绿叶对根的情意。

9. 哭泣的骆驼

三毛《哭泣的骆驼》让我仿佛看到那只孤独的沙漠之舟在茫茫大漠中流泪的样子，那场面一定很悲壮。这一幕深深地印在我脑海里，荒漠的声音正以奇怪的方式渗透到我心灵的深处。

一只在大漠中哭泣的骆驼既是一种具体，又是一种抽象。说它具体，是因为那只骆驼湿润的双眼流露出的无助吸引我去触摸它，仿佛我一伸手就能感受到它的体温；说它抽象，是因为大漠的无限延伸化为了苍茫，这无限苍茫凸显了一种伟大的孤单。

在现实生活中，人生来就要面对这个世界，可是站在喧闹的高楼林立的都市中，我们能看到的便只是眼前的高楼和别人的眼色，忘记了远望天地。而那只哭泣的骆驼，虽然孤独，可视野却是开阔的。我们这些都市人是否也该不时地远望天地，找到属于自己的那片天空呢？

10. 春花

在我的记忆中，有一朵印象深刻的小花。

这是一朵极平常的小花，金黄的花蕊被五片灯笼红的花瓣包裹着，孤零零地绽放在一个破旧的花盆里，放置在被人遗忘的角落。但它那鲜艳的红色，却给那个平凡的角落增添了春的色彩。

一个星期后,当我再见到这朵花时,它已经凋谢了,春风吹落了它最后一片花瓣。短短一个星期的时间,小花便走到了生命的尽头,但它短暂的灿烂传达了春天的讯息。它用一生的积蓄去换取一次短暂的辉煌,以带来春天的问候,这是何等慷慨。这也正是"俏也不争春,只把春来报"的生动写照。

有的人刻意追求辉煌,而往往忽视了平凡。其实,平凡是培植辉煌的沃土。做一个平凡的人,做一些平凡的事,也许只有在日积月累的平凡的酝酿中,我们才可以创造人生的辉煌。

11. 秋叶

我是一片平凡的秋叶,我枯朽的身躯即将从树上飘落。但生与死总是自然的,我不哀悼自己的逝去,反而嘲笑那些同情我的人们。不知为什么,总有人由我和我的同伴联想到生命的终结。万事万物周而复始。年轻的我,曾在春光中呼吸,在夏雨中欢笑。我点缀过春天、拥抱过烈日,而现在我将自然地死去。若风儿不把我吹到树下,我也不能成为来年护花的春泥。所以,多情的人啊,你不也和我一样是造物主手中的棋子?何必用你的怜悯显示你的高贵。用自然的眼光看待我吧,当来年春暖花开的时候,就如同不用悲哀我的逝去一样,也不必为我欢欣。

12. 冬天的梧桐

我是一棵冬天的梧桐,一棵冬天的秃树。

没有了叶的遮拦,冬天的风在枝杈间任意呼啸。你不必为我担忧,也不必为我悲伤。没有了叶的呻吟,也就没有人能够觉察我不胜寒流的瑟缩,就这样骄傲地站在风里,沉默地护卫着全部的自尊。

春天婆娑的舞姿终于不在,夏日飞扬的青春也已凋零,只有意志在寂静的黑夜里一寸一寸坚韧地生长,长成无所畏惧的力量。

于是,我独自拥抱寒流,我独自亲吻飘雪。只要我还是一棵树,立在天与地之间,笑看朝阳升起,静对明月圆缺,我袒露的躯体里就依旧有激情奔涌,我冰封的枝丫间就依旧盘旋着无声的呐喊,你可曾看见?你可曾听见?

我是一棵冬天的梧桐,一棵冬天的秃树。我要静静地站在这里,让这一切苦难在冬天的静默中集聚成力量,在来年温暖的时候悄然释放。我的根扎入大地,我的枝伸向天宇,用我不屈的生命撑起一方无垠的晴空。

13. 夜雨

夜就像一张硕大的网,笼罩了整个世界,一切的斑斓色彩都在夜色之中悄然隐去。天地之间,只剩下一个空灵灵、黑洞洞的空间,只有一样东西能填补这块空间,那就是雨。

夜雨不同于白天的雨,少了白天的透明和喧闹,多了一份夜的深远和宁静。

人们单是坐在窗前听那长长短短的雨声,满心就贮满了诗意。此时的人们都不由自主地沉静下来,就连最浮躁的心也甘于在这样的雨声包围下端坐深思。无怪乎古往今来无数的文人墨客都爱在雨中挥文舞墨,抒发情怀。他们在夜里挑灯作文,连文笔也变得滋润起来。

余秋雨在他的散文《夜雨诗意》中写道:“夜雨是旅人的大敌。”说的就是夜雨的寂寞。在外旅行的人怕夜雨,不是因为道路难走,也不是因为没带雨鞋、雨伞,而是夜雨使他们想起了家,想起自己远离的亲人,想起自己的凄苦境地。不是急流险滩,不是崇山峻岭,而是这令人多愁善感的夜雨,让人在旅行中顿生悔悟,放弃满心的漂泊志向,半途而归了。

关于夜雨,还有很多很多。请你在某个飘着细雨的夜晚,坐在窗前,伴着一盏清辉、一杯淡茶,细细地品味吧。

14. 家乡

我的家乡广元,是女皇武则天的故乡,它位于四川北部,是坐落在群山之中的一座小城市。我钟情于家乡的山。山,便是家乡的魂。

开门是山,睁眼是山,就是梦里,也是山。那是连绵起伏的山、一峰独秀的山、温柔的山、冷峻的山。春天里绚丽多彩的山、夏季里满目苍翠的山、秋天里萧瑟惆怅的山、寒冬里庄严肃穆的山,山的样子是千变万化的。

我从小生活在山的怀抱里,整日与山为伴。黎明中,眺望山的深邃;烈日下,凝视山的沉重;风暴中,感受山的气魄;黄昏里,仰望山的包容。家乡的山养人,家乡的山育人,它教给人们山的胸怀、山的气魄、山的情操。

我爱我的家乡,更爱家乡的群山。

第五单元　逻辑思维与语言表达

第一部分　理论概要

逻辑思维指人在认识过程中借助概念、判断、推理反映现实的思维方式。它以抽象性为特征,总结与超越具体形象,揭示事物的本质属性。

面对复杂、多变的事物,如何符合逻辑地思考和表达呢? 我们必须注意以下几点。

(1)必须抓住事物的基本规律和特征——这一事物发生、发展、衰退、消亡的主要逻辑顺序和主要线索及趋向。

(2)明确主要事件、矛盾、冲突。把握这一事物从产生到消亡的全过程中,其他事物是如何作用并影响这一事物的,他们是如何进行组合、分裂、再组合活动的。

(3)要善于提炼逻辑链条。

(4)有些事物表面看来似乎毫无关联,但实际却有着千丝万缕的联系,快速找到它们的连接点,用语言表述它们的关联,注意表述的合理性。

逻辑思维有助于我们通过思考,把曲折的事件、复杂的关系理出头绪,用富有逻辑的语言进行表述。

第二部分　教学内容及同步练习

一、组合练习

三个词语组合;三种声音组合;三种物件组合;三个形体动作组合;“,”“。”“!”“——”“……”符号组合。

二、绘画描述练习

讲解文艺复兴时期画家:乔尔乔内作品《暴风雨》(见图4)、埃尔·格列柯作品《托列多风景》(见图5)、阿尔布雷希特·丢勒作品《自画像》(正面)(见图6)、彼得·勃吕盖尔作品《农民的婚礼》(见图7)。

三、绘画、图形、情境结合评述练习

任选《暴风雨》《托列多风景》《自画像》《农民的婚礼》中的一幅画,结合图形和情境,组织3篇口语作业。

四、历史、图形评述练习

三国、西晋、东晋时期,任选三个时期的政治、经济、文化、人物,结合图形,组织3篇口语作业。

五、看图讲述练习

根据一个画面讲述一个故事。

六、案件讲述练习

条理清晰地讲述一个案件。

第三部分　教学目的与要求

(1)三个词语、三种声音、三种物件、三个形体动作、几种符号组合的练习,要求学生快速找到它们之间的内在联系,按词语的顺序符合逻辑地进行表达。注意用时不能太长,不要讲故事,所讲内容最好富有哲理性,语言干净利落。

(2)绘画部分的训练,特别注意绘画与图形及情境联系的合理性,不能过于牵强。

(3)看图讲故事和案件讲述,在多线索、多层次的复杂事件和人物关系中,训练学生思维的逻辑和语言表达的逻辑。因此,在口语作业中,要突出主要人物面貌和主要事件、矛盾,还要理清线索,做到主次分明;检查故事和案件的可信性、真实性,人物行为的必然性;不能脱离生活,生搬硬套;安排好情节发展,注意偶然性与必然性的结合。只有必然性,就缺乏戏剧性。太多的偶然性,会让人感到不真实、不可信。

(4)讲故事或讲案件时,语言往往出现啰唆无序的状态,教师要帮助学生进行调整,让学生不仅做到语言精练,还要有语言魅力和吸引力。

(5)有些作业可能会唤起众多学生的兴趣和想象,可让学生做各种补充,做各种不同设想,也可以让学生从中提炼出自己需要的内容。

第四部分　学生作业例稿

一、三个词语组合练习

1. 艺术、高架桥、娃娃

(1)艺术不分国籍,我们要想成功,必须站在世界的高架桥上通观艺术的发展,才能真正明确我们要追求的方向,而不能像闺中的娃娃,只知眼前,坐井观天。

(2)“艺术”,这两个字是那么高不可攀,像横跨天宇的高架桥,其实它与日常生活有着广泛的联系,比如,人们喜欢的芭比娃娃就是艺术。

2. 大海、云、花

(1)大海像思维,有时爆发,有时宁静。爆发时像惊涛骇浪,宁静时像轻柔的白云。在思维的大海里遨游,可以开出美丽的思维之花,结出丰硕的思维之果。

(2)心理学曾有过这样的测试,“希望你的男友是什么样的人?”。很多女孩回答:“有大海的深度,有云的潇洒,有花一样的年华和外表。”但在生活中这样十全十美的男人是没有的。其实,女孩自己也很难做到十全十美。

(3)在大海边,你能听见海涛惊天动地的吼声,能看见夕阳西下时的美丽云霞,能在沙滩上捡到各种各样像花朵一样的贝壳。换一个环境,是心态的调整,享受另一种风情。

3. 笔、鞋、风筝

(1)人生匆匆。童年要用笔勾画未来。步入青年,不知要穿破多少双耐磨的鞋,才能走出自己的路,最后放飞理想的风筝。

(2)人活着不能只追求物质,也不能把生活想象成诗人笔下的美景。我们必须面对现实,穿上合脚的鞋脚踏实地地学习、工作,才能更好地放飞理想的风筝。

(3)孩子的想象力是无比丰富的。画家的颜料被孩子打翻了,他只好把画纸合上扔掉。孩子捡起画纸看了看,笑着对画家说:“您怎么不要它了呢?您这不是画的一双鞋吗……啊,不是鞋,是一只风筝!”画家拍了拍孩子的头,也笑了。

4. 汽车、油灯、盆景

一个渴求解惑的人到处寻找智者,希望智者为他指点迷津。智者只说了六个字“汽车、油灯、盆景”。他百思不得其解,苦思冥想。一天,他忽然悟到,智者是说:青年时应像汽车,开足马力努力奔驰;中年时应像油灯,燃烧自己,照亮别人;到了老年才有盆景般的静谧和安然。

二、三种声音组合练习

1. 盘子声、木桶声、盆子声

盘子声、木桶声、盆子声,看起来这三种声音是不大可能出现在一个时空中的,但是在19世纪末的美国,新奥尔良却出现了风靡世界的爵士乐。爵士乐的演奏不仅包括这几种声音,还包括其他很多打击器物的声音。爵士乐打破了固有的音乐旋律、和弦、节奏,在当时给人耳目一新的感觉,让人听来兴奋和激动。

2. 高跟鞋声、键盘敲击声、水声

写字楼里很多白领承受着巨大的工作压力。在走廊里,我们经常听到急促的高跟鞋声;在办公室里,我们经常听到一片键盘敲击声;卫生间的水声响起,那是她们在整理妆容,进行片刻休息。

三、绘画、图形、情境结合评述练习

1.《农民的婚礼》+ 

这幅画首先映入眼帘的是上面大片土黄的颜色,让我想到了一方土地,同时也看到了土地上的阡陌纵横。这样的划分,好比画上的四种人:新娘、乐手、抬吃食的人和来宾及孩子。虽身处动乱时期,但人们追求美好爱情的愿望永远不会改变。因此,这黄色土地上的婚礼闪现着人们对幸福的渴望。也正是因为生活在这片土地上,人们联系紧密,才纷纷来参加这样一个婚礼。人情、人性永远是这片黄色土地的支撑点。

2.《自画像》+  +黑色森林

丢勒的人像构图是一个三角形,非常稳定。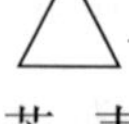人物脸上特别有光彩,额头充满智慧。人物身上的暖色散发金色的光芒,表达了他内心火一般的

热情。他宽厚的肩膀有一种责任感和使命感；他的手充满动感，似乎有无穷的创造力；他眼神的坚定，表现出他对所追求目标的坚定，他像在黑色森林中永远不会迷失方向的人。事实证明，他始终坚守自己的信念，棱角永远没有被磨平。

3.《农民的婚礼》+⊠+金色池塘

在整个画面中，右侧抬食品的人是最引人注意的。◁其次，就是乐手，他们眼神游离，处在画面的左侧。⋈新娘几乎处在了背景的位置上，我们不仔细寻找，很难发现她。⊠小孩子在最前面，他们贪婪地吃着。⊠四个不同位置的人，有不同的想法，不同的心事，他们就像金色池塘里的四种鱼，各游各的路线，各有各的游法，各有各的满足。正是因为动乱，原本十分和谐的、步调统一的人们，才有了这样的一个局面。

4.《自画像》+◈+金色池塘

自然就是美。看了丢勒的《自画像》之后，我非常敬佩丢勒。我们可以看到，画上的丢勒并不是一个美男子，但他对着镜子把自己很真实、很自然、不加任何修饰地画了出来。在画上，可以看出丢勒眼神中的忧郁，但那不是绝望，而是思索和坚定。整个人物像山一样形成稳定的三角形。

其实真正的美分为很多种，孩童有稚嫩之美，青年人有健壮之美，中年人有成熟之美，而老年人有恬淡之美，这几种美各有不同。我认为，只有自然之美才是真正的美。

丢勒身上就散发着一种自然之美，经历了一些风雨挫折后，他更加成熟、稳重，并能以一种良好的心态去正视一个真实的自我。◇这就好比金色池塘边的夕阳，阳光是那样柔和、那样单纯而又自然。

通过丢勒的体态和神韵，我们能感到他内心如田园般的静谧和坦然。◈

丢勒是一块钻石，他的绘画永远放射出宝石般的光彩。◈

5.《农民的婚礼》+

这是一幅勃吕盖尔的代表作,它以一场农民的婚礼为主题。但在这幅画上,我们却看不到任何婚礼的热烈和喜庆。

首先坐在深蓝色幕布下的新娘身上没有华丽的新装,暗淡的布衣十分朴素。她头上没有明艳的花冠,身上没有佩戴任何首饰,脸上没有一丝修饰的痕迹。所以看起来,她似乎不是新娘。

画的左侧,有一个吹笛子的乐手,婚礼上的乐手本应是喜悦热情的,然而从他惊恐的眼神、慌乱的表情中,让人感觉不到他是婚礼上的快乐乐手。

画的右侧,有两位老人在低声细语,他们眉头紧锁,表情严肃,忧心忡忡,没有任何喜悦的表情。

画的最下侧,有一个小男孩,他头戴一顶巨大的帽子,专心吃着大饼,仿佛很久没有品尝过这样的美味,他不像是在参加婚礼。

当时,尼德兰暴发了捣毁圣像运动,反对西班牙统治。这场婚礼举行时,社会正在动乱之中。勃吕盖尔正是捕捉了这一个瞬间,把老百姓的状态记录了下来。也正是这次成功的捕捉,将勃吕盖尔的名字永远留在了艺术史上。

6.《托列多风景》+ +在压力面前

这幅画最吸引我们的无疑是它的色彩。格列柯以凛冽而有力的笔触向我们展示了他内心深处的风景。

格列柯出生于希腊,在意大利威尼斯学画,甚至有幸进入提香的画室,但个性的突显使他受到众人的排斥,对前辈名家的非议更使他遭到驱逐。格列柯几经辗转,来到了西班牙小城托列多。在这里,他结识了一群因社会变革而没落的旧贵族。

这些旧贵族因为失去往日的尊容而龟缩于西班牙的一隅,就好像在画面中那乌云下的托列多小城一样,死寂、空虚且毫无生气。但是格列柯不认为自己和他们一样,他把自己比作画面中那蓬勃的绿色。虽然面临巨大的压力，但是绝不屈服，而是以一种生命的朝气去勇敢地抗争。

今天，我们再也不能记起任何一个旧贵族的名字，但我们记得一个“忧郁而狂热的格列柯”和他那幅《托列多风景》。他的绘画在绘画史的长河中，永远不可动摇。

四、历史、图形评述练习

1. 西晋+

晋武帝在位后期逐渐奢侈腐化。朝廷里的大臣也针锋相对，大摆阔气，觉得比富是件很体面的事。当时，两位大富豪王恺、石崇经常比富。一次，王恺当着很多富豪的面，把晋武帝赏赐的一株二尺多高的珊瑚树拿出来炫耀。石崇把珊瑚树击碎；随后，他又搬出了自家的几十棵珊瑚树，以显示自己的财富。晋武帝高高在上，不仅不关心百姓疾苦，还不制止此类现象，反而引以为荣。

西晋王朝这样腐败，出现这么多可恶的蛀虫，最终导致国家的灭亡。对于一个国家来讲，节俭则昌，淫逸则亡。历览历史上各朝各代，成由俭，败由奢。

2. 东晋+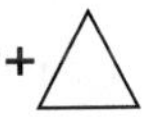

东晋时期，出现了一位羯族大将石勒。他家世代是羯族的头目，但是他年轻时与部落的人走散。他曾给人做过奴隶、用人，也做过囚犯。这一段经历非常艰辛，但对于石勒来讲却是一笔人生财富，为他以后建功立业奠定了基础。____

石勒越狱逃跑后，召集了一批流民，组成了一支强悍的队伍。不识字的他，却懂得成大事业靠武力不行。他深知羯族人的文化水平比较低，就请汉族士人张宾作大臣。张宾采取了许多政治措施，还组织了一个“君子营”。石勒十分重视读书人，设立学校，让羯族人学习汉字及汉族文化，提高他们的文化素质。

石勒深知能在马背上打天下,但不能在马背上治天下。一个民族或一个国家想要永远稳固统一,繁荣发展,不仅要善于学习先进文化,还要学会在困境中积累经验、教训。因此,石勒后来成就了一番大事业——建立后赵。

3. 西晋+

嵇康,竹林七贤之一,文才出众,为人极有原则,性格则狂放不羁。也正因为如此,他最终被处死。

嵇康不齿于与官府打交道,偏偏他的文采吸引了当时朝中一位姓钟的重臣。这位重臣亲自拜访嵇康,嵇康却故意做了一天木工活,对他置之不理。这样的"无礼"为他的死埋下了伏笔。

嵇康生性淡泊名利,他的好友山涛好意邀他出来做官,三番五次劝说之后,嵇康怒而与之绝交。这使得他处在了一个与官府公然对立的位置,又使他向死亡迈进了一步。

嵇康好音律,相传他夜宿华阳时,得到失传已久的《广陵散》。当政的司马昭重金向他求购,却遭其拒绝,这是他为自己埋下的第三个隐患。

嵇康被司马昭打入大牢后,三千名太学士为他求情。太学士惜才敬才的心情是可以理解的,但他们声势浩大的声援恰恰成了嵇康最终的死因。

相传嵇康临刑前,曾抚琴一曲,演奏了那首已成绝唱的《广陵散》,尔后从容赴刑。当我们回忆起那段历史时,仿佛听到了隐约的琴声,见到了那不朽的傲骨。

4. 西晋+

在源远流长的历史长河中,有一条小小的分支,这便是西晋。很多人都知道,西晋也曾有过著名的"禅让"。

在尧舜时代,禅让是一种选拔最高领导人的政治制度。部落里信仰"天下为公"的禅让延伸到西晋,却成为一种篡夺帝位的手段。历史往往有着惊人的相似，曹操之子曹丕逼迫汉献帝让位，自己称帝。可曹丕绝对没有想到45年后，司马炎会重演他的“禅让”故事，废魏元帝曹奂，自立为帝。野心勃勃的权臣既想篡位，又想逃避篡位的恶名，于是便上演了这两次“禅让”的闹剧。篡位被美化为禅让，两人都成为尧舜般的“圣君”。

纵观历史，造成这种后果的原因不外乎以下几点：第一，分裂的危机并没有消失，统一的社会基础还不成熟；第二，曹氏代汉，司马代魏，固然避免了国家全面崩溃的危险，但社会危机仍然存在。因此，在历史的发展中，任何一件看似不合理的变化，其实都有其必然的因素。

5. 西晋+

说到西晋，我便想到了湖北省襄阳市岘山的一块“堕泪碑”，它是为纪念西晋军事家、政治家羊祜(hù)而树立的。

晋武帝为了平定东吴，派羊祜驻守边境。可是很多人质疑羊祜，说他是一个不合格的将军。他们为什么这样说呢？

有一次，部下从边境带回两个孩子，一问知是东吴边将之子，他便下令立即派人送回。部将不解：“为何不留下当作人质？”羊祜只是一笑置之。部将便认为羊祜不是一个会战的将军。又有一次，东吴大将进犯夏口，被活捉。羊祜以礼相待，教育一番后，将其放回东吴。部将更是不解：“战败之将，理应正法。”羊祜却说：“胜之不武。”于是部将又说他不是个善战的将军。羊祜喜欢打猎，每次和部将在边境游猎，遇到吴将射伤的野兽被自己手下捕获，总是命人送回，于是部将又说他不是一个霸气的将军。羊祜出了名地对部下好，于是晋武帝说：“一个优秀的将军，应懂得奖罚得当。”所以说他不是一个合格的将军。可羊祜取得了最后的胜利。这种胜利，不仅是战场上的胜利，还是军事人格上的胜利。

几千年过去了，石碑依旧立于襄阳岘山上，让人们记住那位优秀的军事大将，也让我们明白了战争的胜利不仅仅是兵戎相见的胜利，更重要的是一种军事人格的胜利——“从善制军，不战而胜”。

6. 西晋+ 

周处从小身强力壮，经常斗殴闹事。当他听乡亲们说长桥的蛟龙是一害，南山的猛虎也是一害时，他就与蛟龙斗了三天三夜，把蛟龙杀了。之后，他又上南山，把南山的猛虎也杀了。

他高高兴兴地下山，但乡亲们都不理他，全都避他而行。后来他才知道，原来乡亲们说有三害：一是蛟龙，一是猛虎，还有一个就是他。于是，他离开家乡，上山拜师习武。后来，他终成大事，而且为官清廉。

周处的故事告诉我们，不论你以前如何，只要痛改前非，重新做人，依然会前途无量。

五、案件讲述练习

1. 案件讲述

20 世纪 50 年代，在山东、河北交界处的军事禁区里，一位苏联军事技术专家伊哈诺娃悄悄地来到北京最高层领导人处，惊慌失措地报告了她房里发生的一起盗窃案件。盗窃者潜入她的房间，不仅偷去了首饰和照相机，而且撕下了秘密笔记本的两页。这两页上写着她正在研究的重要军事资料。这个消息，像在寂静的夜晚爆炸了一颗原子弹。军事禁区里的监控系统十分严密，有士兵 24 小时严密把守，楼内也都安装了监视器，一般盗贼很难进入。显而易见，这肯定是潜伏在军事禁区里的国际间谍所为。这起案件引起北京军区和公安部的高度重视。公安部立即派出阵容强大的侦察队伍，而且规定侦察队每两个小时向北京最高层领导报告侦查情况。

焦虑的公安局局长突然想到了“北方名探”鲁奉节。鲁奉节在英国学过现代侦察技术，破过不少刑事案件。但此时，他正陷入一个不小的政治麻烦中，差一点带上“右派”的帽子。此人个子矮小，相貌极其普通，穿了一件已经泛白的帆布外套，脚上的鞋看得出已穿了好几年，因为已经变形了。

鲁奉节以一个尴尬的身份来到案发地之后，花了 4 个小时听案情介绍，又花了 3 个小时看材料，然后又找那位遭遇失窃的苏联专家谈了谈，当天晚上10点钟就召集会议,宣布他的判断。他说:“这是一起普通的刑事案件,没有一点军事谍报性质。”在场的人目瞪口呆,场上一片寂静,仿佛空气都凝结了。之后,大家重炮齐发。有的人说“不可思议”,有的人说“可笑之极”,有人问“那失窃的两页军事笔记怎么解释”?鲁奉节胸有成竹地回答:“笔记本有30页与失窃的两页同等重要,为什么不把整个笔记本偷走?除非是笔记本太重,但偷走的照相机比笔记本重十倍。因此,撕走那两页只是出于一种临时性的需要。”“什么需要,请你解释。”有人问。“可能是小偷突然内急,充当了手纸。”鲁奉节解释。

会场爆发出一阵笑声,但鲁奉节的逻辑十分严密,笑声渐渐停止了。果然,人们只花了半个多小时,就找到了充当手纸的两页笔记。而最后捕获的罪犯,确实只是一个对军事情报一窍不通的普通小偷而已。

我们现在来说这个案情只觉得有趣。但请设想一下,在那个时候,鲁奉节在几个小时内得出这个结论是多么地不容易。他面临的情况十分复杂,他承受的压力是无法言表的。文界、军界和警界的最高层都做出了自己的结论,这些结论综合了国际形势、军事动向、内部情报。于是,尚未侦破的案情出现了两个走向:普遍认同的走向和实际发出的走向。在多数情况下,前一种走向更强大。

普遍认同的走向代表了当时、当地的一种共同的思维定式。在这种情况下,要让自己的耳朵、眼睛与周围隔绝,只是一门心思地注视现实物证,实在很不容易。鲁奉节做到了,他终于抬起头来,平静地说出那两页军事资料的唯一去处,那种力排众议里有一种珍贵的崇高。

2. 案件讲述

2005年10月19日清晨,村民老付到邻居家串门。刚一进门,就发现屋主付锡劳躺在血泊中,还有一丝气息;而他的老伴躺在他的身旁,已经断气了。老付找来屋主的侄儿,将付锡劳送到医院。但最终因为伤势过重,付锡劳在途中就断了气,至死没为案情留下任何线索。

这给警察留下了一个难题,究竟是谁能对两位老人下此毒手呢?经调查,排除了外人作案的可能,将目光锁定在了200多个村民当中。

村民反映,死者在村里有一个远房亲戚小波。那会不会是他干的呢?但小波只有16岁,怎么会杀死自己的叔公、叔婆呢?应该不可能。

还有一个人叫阿华。他曾和死者一起购买了地下六合彩。但是阿华却有当晚不在场的证据,也被排除了。

与此同时,警方在现场发现了一个血脚印。通过测量,留下这个脚印的人身高应该在1.7米左右。可是,16岁的小波和个子很矮的阿华都不可能。于是案件陷入了僵局,没有一丝头绪。

就在警方十分困惑的时候,一线转机突然出现:警方在小波家里发现了一双大小码与案发现场血脚印刚好相符的鞋子。小波的父亲也证明这双鞋子就是小波本人的。于是,警方部属警力在县城的网吧里逮捕了小波。案情终于真相大白:小波早年辍学,还有偷东西的恶习。一天晚上,他到叔公家偷钱的时候,正好被叔公发现,他怕事情败露,就用菜刀将二老砍死。当问他为什么杀人时,他说:"我也不知道,只像电脑里一样,使劲儿地用刀砍砍砍!直到对方不能动为止。"这一切的罪魁祸首竟是网络游戏!就是因为沉迷于网络游戏,年仅16岁的小波在没钱玩游戏的情况下有了偷的念头,最终走上了不归路。

案件虽然结束了,但在这里我们看到了网络游戏给青少年带来的危害。从破案的角度看,往往最可能的事情却最不可能,而不可能的事情却最有可能,很多事情都是偶然中有必然。

3. 案件讲述

一天,一个收破烂的人匆匆跑到警察局报案,说是看见杀人了。于是,警察立即赶到现场,发现在废弃大楼的楼梯口,一具男尸躺在血泊中。

经辨认,该男子是附近一家金店的老板,非常富有。警察通过现场勘查及对目击者的询问后,初步断定作案人是一名女子。于是,警察开始查找与被害人经常联系的女子。最终找到了两名嫌疑人:一个名叫秀秀,一个名叫小林。

秀秀是一个非常清纯的女孩,家庭条件不错,但很爱赌博。通过一番审问后,得知案发时(晚10点左右)秀秀正在与朋友打麻将。当小林走进审讯室时，警察看到，她的颈部及脚部都有明显的拉伤痕迹。而小林的解释是：昨晚和男朋友吵架时弄伤的。难道世上真有如此巧合的事情？可是警方审问了小林的男朋友之后，发现小林的话是真的，也只好将小林排除。

正当警察的调查毫无进展的时候，一个大型的编织口袋引起了大家的注意。口袋是压在死者身体下面的，在袋面上有个“唐”字。经过调查得知，这种特殊的编织口袋是专门用来装干辣椒的，上面的“唐”字是姓。因为发货点只有一个，为了方便收货人领取货物，就在口袋上写上收货人的姓。这一发现对破案起到了关键作用。警察开始展开大规模的搜查，终于在一家小杂货店内发现了多个一模一样，就连“唐”字都一样的编织口袋。于是，警察赶紧对杂货店的老板进行了审问。老板是一个年过七旬的老头，在案发当晚，他一直待在自己的杂货店里，没有离开半步，附近的邻居全都可以为他作证。正当警察想离开的时候，一张照片进入他们的视线。照片上，母亲挽着孩子的手。警察觉得有些眼熟，原来那个小女孩叫“唐秀娟”，小名就叫“秀秀”。

这一次，秀秀刚进审讯室就交代了一切。原来，秀秀因为手气不好，赌博时一输再输，心急如焚之下萌生了抢金店的念头。她将金店老板骗到废弃的大楼里，趁他不注意的时候将他从窗口推了下去。由于楼层低，金店老板没有摔死。于是，她在金店老板的胸口上捅了致命的一刀。正当她想把尸体装进编织口袋的时候，有人来了，她就匆匆逃跑了。

通过这个案件，我们看到一个普通女孩变成杀人凶手的真实过程，更让我们深刻认识到——赌博是罪恶之源。

第六单元　逆向思维与语言表达

第一部分　理论概要

逆向思维是对司空见惯的似乎已成定论的事物或观点反过来思考的一种思维方式。即敢于“反其道而思之”,让思维向对立面的方向发展,寻救新思路,创立新形象。

逆向是与正向相较而言的,正向是指常规的、常识的、公认的或习惯的想法与做法;逆向思维则恰恰相反,是对传统、惯例、常识的反叛,是对常规的挑战。它能够克服思维定式,破除由经验和习惯造成的僵化的认识模式。

逆向思维还能使我们的思维更活跃、反应更灵敏,帮助我们对眼前的事物迅速作出准确的判断和决策。

第二部分　教学内容及同步练习

一、春、夏、秋、冬定逆向练习

用春、夏、秋、冬四个季节,先做每个季节的正向、逆向思维练习;然后做春、夏、秋、冬四个季节混合起来的正向、逆向思维练习。

二、绘画描述练习

讲解浪漫主义绘画。介绍西班牙画家迭戈·委拉斯开兹的作品《纺织女》(见图 8)、《卖水的老人》(见图 9),荷兰画家伦勃朗哈尔曼松·凡·莱因的作品《杜普教授的解剖课》(见图 10)、《夜巡》(见图 11),约翰内斯·维米尔的作品《倒牛奶的女仆》(又名《厨娘》,见图 12)。用以上画家的作品做正向、逆向思维练习。

三、历史评述练习

用南北朝时期的政治、经济、文化、人物做正向、逆向思维练习。

四、国内地理评述练习

用国内城市的人文、地理、环境等做正向、逆向思维练习。

五、国外地理评述练习

用国外城市的人文、地理、环境等做正向、逆向思维练习。

六、现实问题评述练习

用现实问题做正向、逆向思维练习。

七、正话反说练习

用反话说出正理(表面否定,实际肯定),得出正确结论。

八、热点问题辩论练习

以上练习结束后,可根据需要拟定一些辩论题目,结合现实生活进行辩论,尤其是当前社会的焦点、热点问题。正方和反方进行充分论述的练习不仅能活跃学生的思维,而且会让学生对辩论的问题有明晰的认识,同时也为学生不同思维方式的运用提供良好的实践机会。

第三部分　教学目的与要求

(1)正向思维的论据一定要清楚、明确。我们可将论据分成若干条,并注意论据之间的逻辑关系。

(2)正向思维的结论要合理。

(3)逆向思维要根据正向思维的论据、论证,进行完全相反的论述,而不能丢掉正向思维的论据、论证。

(4)思路清晰、反应迅速。开始训练时,可由一位学生单独完成一个题材的正向、逆向思维练习;之后,可由一位学生完成正向思维练习,另一位学生完成逆向思维练习,反应和接话的速度要越来越快。

(5)四个季节的练习。开始时,四个季节分开练习,每个季节单独练。学生熟练后,再把四个季节混合起来练。

(6)历史部分的正向、逆向思维练习,我们要慎重选择材料,有的材料可以做正向和逆向思维练习,有的不能做。

(7)正向、逆向思维练习中的论据、论证要有绝对反差,要针锋相对。学生的论述要尖锐犀利,反驳直接,不能有任何含糊其词。

(8)正话反说练习,学生要做到轻松幽默,举重若轻,缓解紧张氛围,丰富语言色彩。

第四部分 学生作业例稿

一、春、夏、秋、冬正逆向练习

1. 春季

正向：我喜欢春天。春天是萌发的季节，阳光和煦，万物复苏，鲜花绽放，草木变绿，到处生机勃勃。春天还是开始的季节，俗话说得好，春天伊始，万象更新。春天还是我们自己的季节，它象征着生命中的青春时代，我们在春天总有很多期盼和希望。我喜欢生机勃勃，我喜欢万象更新，我喜欢年轻的季节。

逆向：我不喜欢春天。没有冬天的积累，哪有春天的萌发和生机？春天的复苏，功劳应归于寒冬的酝酿。开始并不重要，结果最重要，而虎头蛇尾最不好，我更看重后来居上，厚积薄发。期盼和希望太多，往往是空想，相对失望也越多。在青春的季节里，青年人成功的是少数，而更多的人是体味失败，所以我不喜欢春季。

2. 夏季

正向：我喜欢夏季。夏季是最热烈、最美丽的季节。繁茂的树木、盛开的花朵、海边的嬉戏……人们尽情释放自己的热情。夏季还可以吃各种冷饮，缓解烈日下火辣辣的炙烤。我喜欢夏季的霸气。

逆向：我不喜欢夏季。夏季是焦灼的季节，热风、热浪使人无比烦躁。繁茂的树木、杂乱的花朵都生长到了极致，极致就是凋零的开始。不是释放，而是消耗。冷饮更是使钱包空空的诱惑。夏季不是霸气，而是一种浮躁和张扬。因此，我不喜欢夏季。

3. 秋季

正向：秋季是丰收的季节，正所谓春华秋实。秋天是宜人的季节，秋风习习，秋高气爽。当阵阵秋风吹过，在一片金黄中，那红红的枫叶特别醒目，立即让人想到“霜叶红于二月花”的诗句。秋天又是放飞的季节,当你手中的风筝在天空飞翔时,你会感觉像是自己在广阔世界遨游。秋天是让人沉浸在忙碌和快乐中的季节。

逆向:秋季是肃杀的季节,当颗粒无收时,就是饥饿和贫困。不是秋高气爽,而是秋风、秋雨愁煞人!在一片凄凉中,那浓浓的红叶显得如此不合时宜。当我们衣不遮体、食不果腹时,还有什么心思放飞风筝。沉浸是什么?沉浸就是放纵,沉浸到最后就是不能自拔。

4. 冬季

正向:冬季的雪给人们带来银色的世界。漫天飞舞的雪花有无限的活力。眼前的世界变得纯洁、干净。寒冷使人们更加平静、冷静、理智,所以冬季是沉思的季节。冬季还是一个轮回的终点,又是新轮回的起点,它孕育的每一次轮回都是一次升华。

逆向:冬季的雪使人感到更加寒冷。眼前一片苍白,颜色单调、惨淡。动物们很多都在冬眠,人们也蜷缩在室内,躲避寒冷。到处一片死寂,人们没有理智和思考,只有绝望。一切都是重复,日复一日、月复一月、年复一年,周而复始,永不改变。

5. 春、夏、秋、冬的花

正向:《红楼梦》中的薛宝钗经常吃的一种药叫“冷香丸”,它由四种花的花蕊调制而成:春天的白牡丹、夏天的白荷花、秋天的白芙蓉、冬天的白梅花。牡丹象征朱门的雍容华贵;荷花象征自律,出淤泥而不染;芙蓉象征高洁潇洒;梅花象征傲骨,不媚俗。这四种花的性格都值得我们思考和借鉴。

逆向:牡丹虽宝贵,但骄奢淫逸,所以有“朱门酒肉臭,路有冻死骨”的诗句;荷花洁身自好,但只知自扫门前雪,哪管他人瓦上霜;芙蓉是隐君子,实际是逃避现实,不敢直面人生;梅花过于孤傲,不易与人合作,更没有团队精神。因此,我们绝不能效仿和借鉴这四种花的性格。

6. 春、夏、秋、冬的雨

正向:我喜欢雨。我喜欢春天的雨,春雨润物细无声,总是默默给予你帮助;夏季的雨酣畅淋漓,帮你冲刷掉所有的郁闷和痛苦;秋季的雨绵绵长长,循循善诱,语重心长;冬季的雨报知春天的来临,在困境中给你安慰和希望。四季的雨就像四种人,这四种人都能做你的朋友,都是我们所需要的朋友。

逆向:我不喜欢雨。春雨有一种摸不着、看不透的感觉,无法被依靠和信赖;夏天的雨过于直接,不讲究方式方法,坏的、好的通通冲刷干净,而且喜怒无常;秋雨绵绵湿衣裳,十分难缠,经常让人感冒受凉;冬雨则是雪上加霜、落井下石、冷若冰霜。四季的雨就像四种人,这四种人都不能做我们的朋友,一定要和他们保持距离。

7. 湘江

正向:我喝着湘江水,长在湘江边。我爱家乡的这条江,爱它在春、夏、秋、冬的所有表情。

春天,当绵绵春雨朦朦胧胧下起来的时候,我在湘江大桥上俯瞰湘江,顿时觉得步入了人间仙境,绵绵细雨与江水冒出的雾气形成一片,布满大地。我深深吸上一口,清新的空气沁人心脾。

夏天的湘江是欢乐的江。我和小伙伴们在江边游泳、打水仗,尽情地玩耍,不亦乐乎。

秋天的湘江是繁忙的江。江上有大大小小、高高低低、各式各样的船,每天川流不息,来来往往,一片繁荣景象。

冬天的湘江十分安静。江面上结了冰,我拾起一块石子,往江面一扔,“嘣”的一声,像一片宁静中飞来的天外之音,非常有趣。

我爱家乡的这条江,这条时动时静、带给我无限欢乐的生命之江。

逆向:我从小在湘江边长大,我不喜欢这条江,因为它带给我许多不便,还有很多让人痛心的往事。

春天绵绵细雨下个不停,绵绵细雨与江上的雾气混合在一起,朦朦胧胧,很难看清脚下的路,给人一种要迷失方向的恐惧感。因此,每年都有不少惨不忍睹的交通事故在湘江大桥发生。

夏天,江水暴涨,湘江像一个无情的魔鬼,吞噬了不少野游者的生命,使很多家庭失去亲人。

秋天的湘江是杂乱的江。来来往往的轮船拥挤在江上,鸣叫的噪音让人彻夜难眠。

冬天的湘江,一片苍白,死气沉沉,毫无生气,静得让人窒息。

我讨厌湘江,讨厌这条残忍、嘈杂、拥挤的江。

二、绘画描述练习

1. 迭戈·委拉斯开兹作品《纺织女》

正向:生活是美好的。

站在窗帘旁的纺织女轻轻将窗帘拉开,阳光立刻射进了屋。纺织女们在这温暖的环境中交谈着、欢笑着,营造出和谐、美满的氛围。

中间身着红色裙子的纺织女看上去透着几分青春的美丽。红色的衣裙象征了纺织女对美好生活的向往。

纺车轮飞速转动,它似乎在为这一群纺织女平和、坦然的生活发出欢快的声音,也象征着纺织女的生活如纺车般忙碌,纺织女们在平淡的生活中充满幸福、快乐。

逆向:生活是暗淡的。

纺织女只有将窗帘拉开才会得到光亮。即使这样,光亮也是有限的。如此暗淡的光线并不会使她们感到温暖。

画面中间的一位纺织女虽身着红色衣裙,但裙子却不太合身,有些肥大,可能是主人施舍的。

纺织女成天劳作,根本无法改变自己的命运和沉重的心情。

纺车盲目转动,也好比这群纺织女对未来生活的无知、无望。她们只知劳作,不知思索,所以,她们未来的生活永远都是穷困和痛苦的。

2. 迭戈·委拉斯开兹作品《纺织女》

正向:这幅作品给人一种和谐的视觉效果。

整幅作品给人的感觉是层次分明的。画面中共有两个环境:一个是作品的纵深处贵妇人的生活环境；另一个是前景处普通劳动妇女劳作的环境。看上去，她们没有冲突，互不干涉。

画面左边是一位消瘦的中年妇女，手里摇着纺车。她的脸侧向身边的另一位妇女，也许正在向同伴炫耀自己可爱的儿子，也许在期待着晚上回家与心爱的丈夫共进晚餐。

右边背对着我们的妇女，左手正纺着线。她头抬起，望着贵妇人的房间，也许是在欣赏贵妇们身上华丽的服装，也许是在欣赏和享受自己的劳动成果，并为此感到喜悦。劳动是快乐的！

逆向：这幅作品给人一种不和谐的感觉。

从画面明暗对比上来看，虽然画面近处是劳动妇女的生活环境，但是色调明显比远处贵妇的生活环境暗许多。光线对比得如此强烈，是一种不协调，让人感到压抑，可以看出当时社会的贫富差距。

左边一位瘦弱的妇女，佝偻着身体纺着线，脸侧向同伴，表情悲伤，似乎想竭力寻找一种安慰，而另一位妇女无法顾及同伴，因为她们都处在水深火热之中。

右边背对着我们的妇女，左手无力地摇动着纺车，眼睛望着室内的贵妇人，似乎在哀叹生活的艰辛与命运的不公。她们的劳动是多么地艰辛和无奈！

3. 迭戈·委拉斯开兹作品《卖水的老人》

正向：画面的主体是一位老人，他脸上的皱纹像深深的沟壑，可以推断他饱经风霜。面前陶罐的裂纹，说明使用时间的久远。老人握着陶罐和杯子的手十分粗糙，是一双劳动了一生的手。他身上色彩简练，红色的外衣、白色的内衣，让人感觉老人是甘愿付出的人，他总是给予他人由衷、诚恳、热情的帮助。男孩的眼神中流露出他对老人的理解和关注。生活就像四季，不停地轮回交替，在轮回交替中传承、发展、变化。老人是坦然安详的，因为他知道，生命中最宝贵的光华一定会有人代代传承下去。

逆向：画面中的老人满脸皱纹，皮肤粗糙，很明显他是一个生活窘迫的人。面前有裂纹的破陶罐是伴随他一生的陈旧器物。他的手是粗糙的、笨拙的。他身上红色的外衣十分破旧,颜色暗淡;白色的内衣也不太干净。这一切都表明他对生活的无奈、无望。男孩冷漠傲慢,他关注的就是杯中的水。四季是轮回交替的,生活是周而复始、单调乏味的。通过老人呆板、木讷的眼神,我们可以感觉到他生命的暗淡,他对后继无人的遗憾。

4. 迭戈·委拉斯开兹作品《卖水的老人》

正向:看着这幅画,给我印象最深的是男孩的眼睛、玻璃杯,还有老人的手。从一个角度刚好构成一条线。就是这条线,让我对人生有了新的认识。

我们可以看到,男孩手中一只非常干净漂亮的玻璃杯,在阳光的照耀下,显得晶莹剔透、光芒四射。我想,这位老人一定每天将它擦拭很多遍,让每一位客人都能放心地使用这漂亮的杯子。当小男孩拿到这杯水时,他的目光并不在杯子上,而在老人一件破旧的衣服上。小男孩惊讶的眼神告诉我们,他很疑惑,在巨大的生活压力下,为什么老人还会如此乐观?老人把杯子擦得如此明亮,就像擦亮他的人生一样。男孩并不明白,幸福往往分很多种,有锦衣玉食的幸福,也有平凡简单的幸福。老人把一只手放在水罐上,他知道自己触碰的就是平凡甚至贫穷,但他依然乐观。老人的乐观让我们感动,同时让我们知道,幸福其实很简单,关键在于把握现在,珍惜所有,坚信你所拥有的就是最好的。

逆向:当我看到这幅画时,我的感觉就是生活的艰辛、幸福的不易。画中这个玻璃杯,晶莹剔透,十分耀眼,但谁又知道在耀眼的背后,包含了老人多少艰辛与汗水。它是老人谋生的工具。为了生计,老人只有拼命地擦干净杯子来吸引顾客。而眼前的这位小顾客却根本没看杯子。从他异样的眼神里,我感觉出一份不屑、一种鄙视。面对这一异样的眼光,老人无言以对,他只是伸出手触碰水罐。那是一双饱经风霜的手,上面布满岁月沧桑的痕迹,似乎无论怎样奋斗,现实的残酷还是让他感到无奈与无助。也许我们只有真正经历了磨难,才会了解奋斗的艰辛、幸福的来之不易。

5. 伦勃朗·哈尔曼松·凡·莱因作品《杜普教授的解剖课》

正向:当我看到这幅画时,首先被它的构图所吸引。因为它的构图突破了以往的呆板,而看似无序却又把每个人都联结在了一起。光线的运用突出了画面的重点。

在画面中用得最多的颜色是黑色。黑色给人的感觉是庄重的，正是黑色的衬托突出了画面的重点。

画面中的光线是从左边射进来的，正好照在了尸体和所有人物的脸上，使人物的脸部被描绘得更加传神，既刻画出了人物的眼神，也突出了画面的中心，还与黑色的背景形成了巨大的反差。同时，通过眼神、光线、白色，显示出神圣与纯净。

最靠近尸体的那个人的外衣是暗红色的，让人感到富有生机。

这幅画是很庄重的一幅画，反映了当时人们对医学科学的探求。

逆向：虽然这幅画有创新，但是画面当中的尸体让人看了很不舒服。

画面中大块的黑色就像黑夜般沉重压抑。大面积的黑色让人恐惧。

在这幅画中，光线从左边射进来，突出了人物的面部表情。然而，正是这光线，使尸体和人们的脸色显得更加苍白，让人感到空气中也弥漫着冰冷的气息。

最靠近尸体的人身上穿着一件暗红的外套，仿佛那暗红色是被血染成的，有股血腥味儿。

这幅画是一幅冰冷得让人窒息的绘画，让人感到人类对疾病和死亡的无奈及束手无策。

6. 伦勃朗·哈尔曼松·凡·莱因作品《夜巡》

正向：这是一幅强调光线明暗效果的油画，是伦勃朗为16名军官画的集体肖像，描绘了军人们接到命令时紧急集合、整队出发、迎接战斗的情景，整幅画突出了紧张、不安的气氛。我们首先看到画面右侧处于半昏暗处的击鼓人，他面部表情紧张，让我们仿佛听到军人们出发前擂动的战鼓声。画面左侧最光亮处是一个拔腿欲跑的小女孩，她脸上大敌当前的惊慌失措的表情非常突出。整幅画突出刻画了两位正在说话的军官，他们在认真地商讨这一次出击的战略对策。这是一幅描绘一支训练有素的队伍即将出战的图画。

逆向：这是一幅强调光线明暗效果的油画，是伦勃朗为16名军官画的集体肖像,描绘了军人们整队出发、迎接战斗时的情景。但这幅图画没有让人嗅出一丝迎战前的紧张气息。我们首先可以看到画面右侧处于半昏暗处的击鼓人,他虽然面部表情有些紧张,但视线却落在别处,让我们感觉他似乎更关心其他的事情,而并非这场战斗。画面的左侧最光亮处是一个拔腿欲跑的小女孩,让人感觉她是误闯军营,实在可笑之极。整幅画突出刻画了两位正在说话的军官,可是他俩的表情却悠然而闲适,让人觉得他们是在聊天,并不是商讨军情。所以,这幅迎战的图画并没有紧张气氛,显得散漫而慌乱。

三、历史评述练习

1. 北朝之花木兰

正向:“天苍苍,野茫茫,风吹草低见牛羊。”这句千古传颂的句子出自北朝民歌。在北朝民族融合的大背景之下,民歌在更为广阔的天地间迎来了春天。有一位传奇的女子也被人们写进北朝民歌,并传为千古佳话。她就是花木兰。

从《木兰辞》中,我们可以读到她不同于寻常女子的传奇人生。她原来是一位平凡的女子,整日坐在织布机旁,伴随“唧唧复唧唧”的声音消磨时光。但当可汗点兵时,她宁静的生活被打破。由于父亲年老体弱、弟弟年幼无知,家里找不出精壮男丁,于是她选择了女扮男装替父从军。当她跨上战马的那一刻起,她便不再是那个纤纤细腰的少女,而成了保家卫国的士兵。她过黄河、翻黑山,义无反顾地走上战场。

在金戈铁马的战场上,她凭借超出男人的细心和不输男人的胆识屡建战功,成了让众人钦佩的一员大将。战争结束后,她放弃高官厚禄,辞官回家,侍养父母。

由于她的勇敢、坚毅和忠孝,让所有女子觉得扬眉吐气,让男子自叹不如,花木兰成了巾帼不让须眉的典范。

逆向:《木兰辞》是一首广为流传的北朝民歌。暂且不说这“同行十二年,不知木兰是女郎”的可信度,就算花木兰从军真有其人其事,但在那替父从军的人间悲喜剧背后，我分明看到了一颗寻常女儿心。

首先，她选择替父从军，并不是她从小就有“愿乘风破万里浪”的雄心。在那个动荡的岁月，面对家中的现实情况，她别无选择。人们往往只看到她的勇敢坚强，忽视了她无助的目光与无奈的选择。

当她离开家乡来到黄河边黑山下时，她听着黄河水的波涛声难以入眠。一个从未离家的年轻女孩，身处全是男人的军营中，该当如何思念父母和家乡？

在战场上，她面对的是冰冷的刀刃和鲜红的热血。在那种“不是你死就是我亡”的情况下，根本就容不得她有丝毫“妇人之仁”。她不能露出女子的柔弱胆怯，否则她只有被杀死的可能。因此，为了保全性命，她只有奋力杀敌。

等到归来面见天子时，她已是一身战功的英雄。然而面对赏赐，她却不敢接受。原因很简单：她在朝一日，女儿身的真相终有被拆穿的一天。她选择离开，回到家乡侍奉爹娘，这对她来说才是万全之策。

以上种种，我们不难看出：花木兰根本就没有什么雄心壮志，她到最后也未摆脱小女人的情感，她希望的是像普通女子一样在云卷云舒的午后“当窗理云鬓，对镜贴花黄”。做一个孝顺的女儿、贤良的妻子、慈爱的母亲，才是她追求的幸福。

是历史赋予了她头顶的光环，是百姓的传颂给了她英雄的美名，但花木兰其实只是华冠之下的一个普通女子……

2. 南北朝之“江郎才尽”

正向：我想，大家对“江郎才尽”这个成语并不陌生，我国南朝时期也确实有“江郎”一人。江郎即江淹，是南朝时期的诗人，虽然出身贫寒，但是聪明刻苦。

他小时候做了一个梦，梦见明亮的太阳在他的头顶上照着，总也不动。这时候，有人进来送给他一支彩色的笔。醒后，他把梦的整个过程告诉母亲，母亲高兴地说：“太阳当空照，预示着你要出人头地啦！别人送你一支笔，证明你会成为一个文人。这是多好的梦啊！”江淹听母亲这么一说，便更加勤奋。

由于江淹刻苦用功,很快就能写诗作赋,常常下笔千言,一挥而就。不久他就小有名气,人人都夸奖他,向地方官员推荐他。他很快得到赏识,做了官。

在齐高帝灭刘宋之后,南齐急需精通历史的官吏,地方官就举荐江淹。果然,江淹凭借自己对历史颇深的造诣,被任命为史官,和他的好友檀超一起负责编写梁朝历史。

皇上得知江淹很有才华,于是召见他,问:“佛教是否利于国家和百姓?”江淹答:“佛教从来是利君不利民的,它只是君主统治人民的一种工具,只能麻痹百姓,不能挽救百姓。”江淹的回答很有远见,的确是有才之人。

由此看来,江淹的才智不仅来自他的天赋,更源自他后天不断的努力。

逆向:我想大家对于“江郎才尽”这个成语并不陌生。江郎即江淹,是南朝时期梁朝的诗人,十分聪明。但是为什么会有“才尽”之说呢?

首先因为他小时候做的那个被其母亲认为是吉兆的梦。做梦本来是一个很普通的现象,而江淹的母亲却用迷信的方法来解释,这无疑给江淹一种“我定会有所作为”的骄傲心理,也给后面的“才尽”埋下伏笔。

江淹确实有才,但是这样的才气是他在生活中一点一滴积累的,即使是做官,也应该一步一个脚印。他却因为别人的推举做了官,这样给了他一种优越感,助长了他的骄躁。

江淹虽然能和檀超一起成为官吏,为梁朝编写史书,但是,他们只是编写史书,其他方面不思进取。

在皇上提问兴佛教的利弊时,江淹的回答虽字字珠玑,但最终只是答随圣意,满足皇上的需要。

虽然江淹少年有才,但是并未把才用于百姓,做官只顾讨皇帝欢心,“才尽”是情理之中的事。

传说中提到,江淹晚年才华不及当年,再也写不出什么名言佳句了,故有“江郎才尽”一说。

四、国内地理评述练习

1. 成都

正向：川西平原上的“天府明珠”就是美丽富饶的成都。我在成都生活了两年，这里的一切都吸引着我、感染着我。

成都被誉为“休闲之都”，最适宜人们居住。这里的人们每天清早泡上一壶茶，打开一包瓜子，拿上一副牌，就这样坐在露天茶馆，一边品茶、吃瓜子，一边玩牌，是多么地惬意。

成都小吃闻名全国，充分体现了四川的饮食文化。在马路上随时可以看到川妹子一边走、一边吃、一边逛的场景，她们是那样地无拘无束，毫不在意别人怎么看，让人羡慕。

一份调查报告显示，成都私家车数量居全国第三，这也可以说明成都发展的速度和成都人的生活水平。

总之，成都是一个休闲、安逸、快速发展的城市。

逆向：也许我在成都时间还不够长，所以我很不能接受成都人的生活节奏，而且认为成都与“天府明珠”这个称号也不大相衬。

自古以来就有这样一句话“少不入川，老不入陕”。因为成都的休闲生活会让人消磨斗志，不思进取，从而无所作为。

成都小吃太多，且花样翻新，这就养成一个人好吃的坏习惯。

成都的私家车是多了，但很多人买车是为了满足虚荣心。虽然有了车，贷款却无法偿还。过多的车辆在马路上行驶，排放出大量有害气体，不仅破坏生存环境，还造成交通堵塞和交通事故。

因此，成都是一个懒惰、虚荣、嘈杂的城市。

2. 上海

正向：上海是一个快节奏的城市，正是它的快节奏，让青年人觉得充满活力，生机勃勃。

上海的建筑非常有特色，既有欧洲古典风格的老房子，又有金贸大厦、东方明珠这样非常现代化的建筑。中、西,古、今的结合,体现了上海独有的文化和历史。

上海人十分精明,对自己的生活精打细算,把生活安排得井井有条。

黄浦江上来来往往的轮船,更增加了上海城市的紧张气氛。汽笛鸣响、船只进出,载着上海人的向往,也带来上海人的希望。

上海是如此地令人神往!

逆向:上海是一个使人感到压力过大和浮华的城市。

上海的建筑非常突兀,既有欧洲古典风格的老房子,又有金贸大厦、东方明珠那样现代化的建筑,整个城市不中不西、不古不今,缺乏统一。

上海人精打细算,过于精明,让人感觉有些冷漠。

黄浦江上拥挤的轮船发出沉闷的汽笛声,更增添了人们内心的疲惫、焦虑和烦躁。上海是一个我不喜欢也不想去的城市。

五、国外地理评述练习

1. 意大利

正向:意大利是美丽的半岛国家,既有悠久的历史、古老的文明,又是当今世界上的七大工业国之一。

意大利人的生活态度是怎样的呢?从一个例子就可以看出来:意大利的厨师有一次在和面的时候,把面和稀了,无法收拾,于是干脆就把肉和蔬菜都放在面上一起烤。没想到,烤出来的食物香气扑鼻,成了今天风靡世界的比萨饼。从中我们可以看出意大利人的豁达和顺其自然,他们常常能从不如意中找到快乐。

意大利人的生活态度随性、随机、随缘。其实,最好的生活态度正是顺其自然。因为这样的生活态度可以让你享受到生活中意想不到的乐趣,使你得到意外的收获和惊喜。

逆向:意大利悠久的历史、古老的文明在世界四大文明古国之一中国面前,似乎显得有些苍白无力。虽说是世界发达工业国之一,但比起英、美等国,仍有差距。

意大利人的生活态度让人不敢苟同。例如比萨饼的出现，其实是一个失误造成的。从中可以看出，意大利人做事漫不经心，缺乏对自己的约束和对周围人的责任心。这样的失误显得杂乱无章。

意大利人不是随性、随机、随缘，而是随意、随便、散漫。这样只能过很被动的生活，不可能有积极的创造，更不能主动把握机会和命运，生活仅仅是乏味的周而复始。

2. 夏威夷

正向：夏威夷有蓝天、碧海、金沙滩，在这里人们不仅可以放松身体，也可以放飞心灵。在夏威夷，你还会发现椰子树上没有椰子，那是因为人们怕成熟的椰子落下打在游人头上，就先摘除了。所以，夏威夷是一个以人为本的城市。

逆向：看到夏威夷的蓝天、碧海、金沙滩，就感到这里的环境和家乡的差距，不仅身体不能放松，而且心情更加沉重。没有看过椰子树的人，就想看到大大的椰子吊在树上是什么样子，结果树上没有椰子，多么遗憾！同时，这也破坏了椰子树的整体美。所以，夏威夷是一个并不可人的城市。

第七单元　发散思维与语言表达

第一部分　理论概要

发散思维是指大脑在思维时呈现的一种扩散状态的思维模式,表现为思维视野广阔,思维呈现多维发散状。发散思维是创造性思维的主要特点,是测定创造力的主要标志之一。培养学生的发散思维,就是要促使学生向不同的方向去扩展思维,从多角度思考问题,以求得多种设想、观点或答案。

发散思维可以让我们拥有更大的思维空间。我们以客观对象的某一方面或某一点为中心,调动自己的知识储备,并在此基础上进行想象,产生多种思路,使其向外扩展,成为爆炸式的立体的思维空间。因此,发散思维可以使我们根据一个点或一个方面,发散出很多新的论据,支撑自己的论证,还可以让我们更全面地思考问题,更准确地认识问题,并找出解决问题的新思路、新方法。

训练主持人的发散思维,我们可以从以下两方面入手。

(1)发散思维归纳论证以客观对象的某一方面或某一点为中心,发散出许多不同事物,产生多条思路。然后,归纳出多条思路中共有的具有本质性、规律性的结论。

(2)发散思维类比论证以客观对象的某一方面或某一点为中心,发散出两种或多种不同个性的许多事物，产生两种或多种不同的思路进行比较，以具有本质性、规律性的结论结尾。

第二部分　教学内容及同步练习

发散思维练习分为归纳论证练习和类比论证练习。发散思维归纳论证练习做得较为成熟以后，再做发散思维的类比论证。

一、绘画归纳论证练习

讲授法国洛可可派绘画及代表画家弗朗索瓦·布歇和他的代表作品《维纳斯的凯旋》（见图 13），新古典主义绘画及代表画家雅克·路易·达维特和他的代表作品《荷拉斯兄弟誓言》（见图 14），巴比松画派及代表画家弗朗索瓦·米勒和他的代表作品《晚钟》（见图 15）。可以结合教师教授过的所有绘画做发散思维归纳论证练习。

二、历史归纳论证练习

用历史资料（从三皇五帝到隋、唐）做发散思维归纳论证练习。

三、国内地理归纳论证练习

用国内城市做发散思维归纳论证练习。

四、国外地理归纳论证练习

用国外城市做发散思维归纳论证练习。

五、绘画类比论证练习

讲述现实主义绘画及代表画家居斯塔夫·库尔贝和他的代表作品《石

工》(见图 16),印象派绘画及代表画家克劳德·莫奈和他的代表作品《日出·印象》(见图 17)、《睡莲》(见图 18),后印象派绘画及画家保罗·塞尚和他的代表作品《圣维克多山》(见图 19),文森特·梵高及他的代表作品《星月夜》(见图 20)、《向日葵》(见图 21)、《乌鸦群飞过麦田》(又名《色彩与火焰》,见图 22),保罗·高更及其代表作品《我们从哪里来?我们是谁?我们往哪里去?》(见图 23)。

六、历史类比论证练习

用历史资料做发散思维类比论证练习。

七、国内地理类比论证练习

用国内城市做发散思维类比论证练习。

八、国外地理类比论证练习

用国外城市做发散思维类比论证练习。

第三部分　教学目的与要求

(1)发散思维归纳论证以客观对象某一方面或某一点为中心,至少发散出五个事物、五条思路,然后进行归纳,得出结论。

(2)要求论据充分,论证有力,论点鲜明。

(3)要求论据、论证合理,有逻辑性。

(4)发散思维类比论证,要求说出两种不同特点的事物,每种事物至少发散出四个事例,然后得出结论。

(5)做发散思维类比论证练习,学生必须拥有大量的知识储备,否则不可能做好类比论证,因此要给学生做大量的知识补充。

(6)要求思维的开阔度和纵深度。

(7)要求思路清晰,语言流畅;表达中抓住多条线索中具有共性的一个点。

(8)要有新思路、新观念和创新精神。

第四部分　学生作业例稿

一、绘画归纳论证练习

1. 绘画中的点睛之笔——线条

纵观欧洲绘画史,总是不乏这样的绘画:画面丰富,人物众多,而一条简单的线条贯穿全画,却让整幅画原来混乱的布局有序化,并且更加感人。

我们来看波提切利的《春》。它以忧郁的蓝色和压抑的黑色做背景,而明暗的交界处就是这幅画不可缺少的一条线。这条线的后面是黑暗忧郁的森林,前面是光鲜亮丽的众神。这样的明暗交界不仅让我们看到明暗强烈的对比,更让我们感受到众神迎春的无可奈何。这条线烘托出似喜实忧的情绪,也淋漓尽致地表现出作者忧郁的心情。

如果说波提切利给我们的是一种柔和忧郁的感觉,那么达·芬奇的《最后的晚餐》则让我们不得不以最纯净的心来对待。这幅画中的众多人物被一张长桌依次排开,桌子挡住了他们的脚或者说将他们托起,这根线条给人以仰视的感觉,让人不得不肃然起敬,而这根线条同时把所有的人放在一个水平线上,一切美与丑、善与恶、是与非都是如此清晰,更显出达·芬奇对人性敏锐的洞察力。

谈到人物众多的画面,说起将画面撑开的餐桌,那就又不由让人想起被誉为农民艺术家的勃吕盖尔创作的《农民的婚礼》。画中人物多得几乎到了拥挤的程度,而一张桌子又使之变得清晰有序。这张桌子比起上一幅画中的桌子显得十分粗糙甚至有些穷酸,围在桌子周围的人们的眼神是游离的、迷茫的、不安的。这一切都似乎预示着革命和战争的爆发,而桌子成了一个中心,将人们紧紧吸引住,似乎告诉人们尼德兰的民众在任何情况下都会团结一致。这张不起眼的桌子、这根简单的线条告诉我们当时的生活环境,更告诉我们人民会以怎样的态度迎接革命。

《农民的婚礼》讲的是人们对社会现实的不满,而布歇创作的《维纳斯的凯旋》无疑是对传统思想的一种挑战。这幅画的点睛之笔则是飞扬在空中的一根丝带。静态的维纳斯与飞舞的丝带形成了一种强烈的碰撞,所有的人都在丝带之下并仰视着它,代表着人对美、对人性的追求。最重要的是,在丝带代表女子贞洁的时代,如此张扬的表现手法无疑是对传统的一种挑战。

再来看看达维特的《荷拉斯兄弟誓言》,这幅布局稍显凌乱的画,仍由一根主线将之贯穿。若干把剑伸向不同的方向,让人感到一种刚毅、坚强,让我们从那势不可挡的剑气汇合中听到了勇士们向父亲、人民和祖国立下誓言:"不凯旋,便战死沙场。"那种气魄、那种勇气、那种品质,一次次地冲击人们的心灵。

绘画中的每一个人物、每一个细节都好比一颗珍珠,而任何一位画家都能画出一颗或许多颗珍珠。但只有真正的大师才能用一根看似普通而又极珍贵的线,将其变成一条价值连城的珍珠项链。这些珍珠也因有了这根线的衬托,变得光彩夺目,让人为之心动。

2. 绘画中的红色

"人面桃花相映红""日出江花红胜火""霜叶红于二月花"。我喜欢描写红色的诗句,更喜欢红色。美国学者阿恩海姆在他的《色彩论》中说:"红色被认为是令人激动的颜色,因为它能使我们想到火、血和革命的含义。在西方文化中,红色是带有很强刺激性的色彩。"今天,我将向大家介绍几幅绘画中的红色。

有一种红色象征的是春天的生命,在波提切利的《春》中我看到这样的色彩。在维纳斯的衣服上,波提切利在一面大胆运用红色菱形图案,而另一面则是蓝色。在那个时代,只有在表现圣母时才会运用这种搭配。波提切利赋予维纳斯圣母般的高贵,她的到来使得天国的庭院百花齐放,人间的大地万物复苏。那红色象征着春天无限的希望，它们明亮、新鲜，正在萌芽。

有一种红色则象征着欣欣向荣的夏天。同样是在波提切利的笔下，《维纳斯的诞生》中，女神手执的耀眼的红披风却有不同含义。在维纳斯诞生的地方，生命正在激荡。红披风上鲜艳的花朵，满天飞舞的花絮，维纳斯身后浓郁茂密的树丛，这一切都象征着夏天的热情，彰显着蓬勃的力量。

有一种红色是作者笔下的灵魂，以其特有的刺眼预示着正义，这就是《农民的婚礼》上透出的红。也许你会认为那只是几个普通人的普通衣服上显示的普通颜色罢了，但我不这么认为。在以暗黄为主体的画面中，那红色显得如此刺眼。这是尼德兰革命前期的绘画。在我看来，这里的红色喻示着正义，这种正义无处不在，即使在动乱时期，在艰苦环境下，人们的信念与希望都没有泯灭，如同这星星点点的散播在每一个角落的红。

提到战争，我不得不说剩下的两种红。其一，是战争胜利威风凛凛的勇士之红。在《劫夺留西帕斯的女儿》中，勇士身上迎风飞舞的红色披风异常耀眼，仿佛这是一名刚从战场上归来的勇士，那狂热的红色就像浓重的色彩交响曲，奏响的是曾厮杀在战场上并立下赫赫战功的男性传奇的生命之歌，它也渲染着绘画的主题，那就是人类对爱情最原始的欲望与热情。

其二，是昭示战争血腥冷酷的红。在《荷拉斯兄弟誓言》中，老荷拉斯身披红色披风，与银晃晃的利剑形成鲜明对比。老荷拉斯知道，无论哪方胜利，自己都要面临失去亲人的事实，但在国家命运、土地与一切尊严面前，他选择了坚毅、勇敢。他把勇气交给儿子们，把誓死保卫国家的信念交给儿子们，一腔热血正如这红色在奔涌。

这就是画家笔下的红。我相信，用灵魂作画的他们提起红色画笔时是多么地激动。无论是生命之红还是消亡之红，是没落之红还是上升之红，都是画的精髓所在。通过这些红色，我仿佛看到画家殷红的血液，听到他们的心跳。音乐家通过音符感动人，画家则通过色彩感动人，使心灵与生命有了色彩。

3. 绘画中的情感

王家卫的电影《花样年华》带给我们强烈的视觉感受。张曼玉穿着旗袍摇曳多姿的背影是那样优雅,但有人说光影环绕下的她,背影显得做作,脱离了生活的真实。随着张曼玉的渐行渐远,我却发现她传达的是一种孤独、一种寂寞、一种情感。由此可见,情感才是我们所需要的。而这在绘画中也有所体现。

梵高的《星月夜》也是这样。画家以奔放的类似火焰般的笔触,描绘了夜空中奇特的月亮和星星。这虽脱离了生活中的真实,但是表现了画家躁动不安的情绪。梵高的《向日葵》也是这样。画面描绘的不只是一朵朵美丽的花,而是孩子可爱的笑脸,又像温暖的太阳,画家对生活炽热的情感跃然纸上。

塞尚的《圣维克多山》近看好似众多的色块纠结在一起,然而画面形象却清晰起来。作者对自然热爱的情感让原本纠结的色块如中国山水画般写意又流畅。

《我们从哪里来?我们是谁?我们往哪里去?》虽以人物为主题,但情感是其中心。绘画表现了画家对人生的困惑、对未来的不安和对生命永恒的思考。让我们这些旁观者也不免思索起来。

前印象派与后印象派不同的是:前印象派只是停留在描绘客观世界外表的光与色,不讲究外在的真,只表现瞬间的印象;而后印象派不仅强调客观印象,更强调个性和个人情感,表达客观存在于自己心里的感觉。情感是后印象派时期的主题。

这样看来,外部的形态、生活的真实总免不了随着时间的长河不断褪色、变形,甚至最终被遗忘。而那隐藏在一切之中的内心的情感,才是我们脑海中永恒的记忆。

二、历史归纳论证练习

1. 功过是非

浩瀚的历史长河中,多少英雄豪杰金戈铁马,气吞山河;多少帝王将相稳坐江山,指点乾坤。我们看历史人物有时赞叹,有时伤感。这些历史人物都有他们的功过得失。当情感蒙住了理性的思索,我们要跳出爱憎,还历史一份真实的面目。

公元前 221 年,秦始皇嬴政统一了中国,他被万世子孙称为始皇帝。可是,我们依然能听见那万人坑中读书人的无奈和悲愤以及那长城脚下冤魂的哀号。

霸王项羽骑着乌骓马化为了鬼雄。于是,读史的人心被感动,再听那汉家小儿高唱“大风起兮云飞扬”就义愤填膺。可是,就是这个被唾骂之人建立了大汉王朝。

隋炀帝踏着龙舟走向江南,黎民百姓携妻儿老小沿河悲恸。于是,读史的人血被激荡,因为那滔滔河水流淌的都是百姓的血泪。可是,我们却不能无视大运河的伟大,那河中穿梭往返的载粮商船,形成了中国大地上一条流动的商线。

魏征对唐太宗云:“水能载舟,亦能覆舟。”于是,太宗皇帝铭记于心,开创了贞观之治。世代子孙高呼“伟人名君”。可是这样一位圣君背后也有阴暗的故事。我们怎能忘记玄武门事变时,他屠杀兄弟洒满的鲜血?这对权力的渴望,让手足之情都已泯灭。

“一代天骄”成吉思汗,他的一生可谓灭国无数,中国在他的统治下幅员空前辽阔。他不愧为“天骄”的称号。可即使是这样一位英雄,也抹不去他手上的血迹,那城池里堆积如山的尸骨在无声地控诉他战必屠城的罪恶。

看看这些帝王:他们有得、有失,有对、有错。跳出情感与爱憎,对于他们,我们会获得更加公正、客观的认知。

2. 末路英雄

历史上有些人活着的时候无限风光,死的时候却凄凉至极。

春秋霸主齐桓公,活着的时候称霸天下,享尽人世繁华,而死的时候却孤独可怜,无人问津。

赵武灵王,胡服骑射的发起者,是位颇具冒险和创新精神的君王。他曾亲自冒充使者前往秦国勘察地形,准备攻秦,可见其胆识非凡。然而就是这样一位有勇有谋的英主,却被自己的亲生儿子杀死在后宫。

韩信,中国历史上罕见的用兵神鬼莫测、战无不胜的大将。而这样一位将军,最后居然丧命于一个蛇蝎妇人的手上。

项羽,西楚霸王,“力拔山兮气盖世”。然而死前却四面楚歌,被迫杀了自己心爱的女人,只落得乌江自刎的结局,留下乌骓马望江哀鸣。

关羽,一个威震天下的名将。过五关斩六将,让曹操又爱又恨。然而最后他却被自己的盟友攻取后方,败走麦城。后来又被人伏击,遭生擒斩首。

以上哪个不是风云人物,当世英雄?然而,英雄末路的悲剧却一再上演。他们犹如划过长空的一颗颗流星,照亮了夜空,却转瞬即逝。“生当作人杰,死亦为鬼雄。”这是人们对英雄的完美注解。可惜世上没有完人,英雄也是凡人。

3. 红墙绿瓦烟雨中

人类从最开始的洞穴树屋,到建造出现代意义上的第一所房子,这一步是从蛮荒到文明的飞跃。自此,人们便把生活的情趣、劳动的创造、智慧的灵光都运用到了建筑当中。建筑与人的关系十分密切,它是一个时代的记录者,见证着政治、经济、科技、文化的发展。时至今日,我们依然可以从古老的红墙绿瓦中找到往昔的印记。

“秦时明月汉时关”,大气磅礴的建筑风格是汉朝建筑的主要特点。汉武帝时期,如长乐宫、未央宫等都具有雄伟、威严的气势,而附属建筑则具有雅致、玲珑之美。与一味铺张奢侈的秦宫相比,汉朝建筑更注重格调。

隋唐时期是中国建筑的成熟期。隋朝建造了规划严整的大兴城,开凿了京杭大运河,修建了世界上最早的敞肩石拱桥赵州桥。隋朝的城市布局和建筑风格规模宏大,气魄雄浑。唐长安城是当时世界上最大的城市,它是在隋朝大兴城的基础上建成的。当时的住宅根据主人的不同等级,其门厅的大小、间数、装饰、色彩等都有严格的规定,这也体现了中国封建社会严格的等级制度。唐朝建筑华丽大气,雕梁画栋尤为精美,为建筑增光添彩。这一时期是中国封建社会前期建筑的高峰。那时的贵族宅第多采用乌头式大门,宅内房间以回廊连接,类似四合院。普遍的布局方式有明显的中轴线和左右对称。这时期的文人墨客常常将自己的思想情感融入建筑中。如白居易的宅院,以岛、树、桥、道相间,池中置三岛,中岛建亭,可谓诗情画意。

宋朝是中国建筑体系的重大转变时期。它的建筑规模比唐朝的小,但秀丽而又富于变化,出现了各种复杂形式的殿台楼阁,装饰也别有风韵。这一时期的屋顶坡度增大,门窗采用菱花隔扇,线条柔和。山西太原的晋祠圣母殿是这一时期的代表性建筑。

元朝是中国建筑的又一次发展时期。元大都按照汉族传统都城的格局建造,同时还加入了各行各业的店铺、戏台、酒楼等娱乐设施,是继长安城后又一规模巨大、规划完整的都城。马可·波罗在游记中也曾多次赞美这“黄金铸造的城市”,足见其繁华。

明清时期是中国古代建筑史上最后一个高峰期。由于当时制砖手工业的高度发展,建筑中砖的使用数量大幅增加,琉璃瓦的生产无论是数量还是质量都远超过去任何时代,建筑开始走向高度标准化、定型化。北京故宫、沈阳故宫都是明清风格的实例。

中国古典建筑如同一部立体的历史长卷。在烟雨中,它们历经沧桑;在烟雨中,它们美丽如昔。

4. 墙

墙是一种阻隔,是一种保护,有时也会成为人们记忆的载体。

秦朝初期,六国初定,北方未平。秦始皇命蒙恬修筑长城,以御外敌。千百年来,那连绵起伏于群山之上的巍巍城墙,曾令多少外敌乘兴而来,败兴而去。墙,成了保家卫国的屏障。

绍兴沈园,墙头生春,陆游到沈园散心,巧遇前妻唐琬,旧日夫妻猝然相见,感慨万千。告别唐琬后,陆游徘徊于墙下,挥笔留下一首《钗头凤》,弃笔远行。后来,唐琬见词,悲从中来,提笔和上了一首《钗头凤》。因旧情未了,唐琬郁思难解,肝肠寸断,不久便化蝶而去。数年后,陆游重访沈园,见墙上绝笔,心中悲恸欲绝。墙,成了一段相思的永久祭奠。

同样是墙,同样是情,西汉时却有一段千古传诵的佳话。卓文君,温柔贤惠、知书达理。司马相如才华横溢、风度翩翩。子夜时,相如于卓府墙外焚香抚琴,以一曲《凤求凰》得文君芳心暗许,弃家与相如私奔,留下“相如赋诗,文君当垆”的佳话。墙,在这里又成了红娘。

电影《花样年华》里的梁朝伟和张曼玉,总是反复走过同一面墙,似乎预示着暧昧的情愫永远跳不出世俗的高墙。

“墙内秋千,墙外道。墙外行人,墙里佳人笑。”墙,既是屏障,又是记忆的承载。古往今来,墙内墙外的故事还在不断上演……

5. 皇帝“排行榜”

鲁迅曾说:“所谓二十四史,就是帝王家谱。”我们读的是五朝更替,品的却是王者的成败得失。纵横上下五千年,我们来看下面这几位皇帝。

最有文采的皇帝,当数南唐后主李煜。王国维说,读他的词“有赤子之心”的感觉。而李煜之所以流芳于后世也是因为他的词。但不幸的是,李煜是一位亡国之君,“问君能有几多愁,恰似一江春水向东流”。可悲,可叹。

最有艺术家气质的皇帝,当数宋徽宗赵佶,琴棋书画他样样精通。但由于他醉心于研究书法,把自己的爱好当成了主业,疏于朝政,最后导致亡国。而他被入侵的敌军追杀,被迫投井自尽。

最博学多才的皇帝,当数清朝爱新觉罗·玄烨。他懂得多种语言,比如蒙语、藏语、拉丁语等,还通晓几何学。他的好学与卓越的才能,使他从16岁亲政开始,便以文治武功独步天下,被誉为“千古一帝”。

最多情的皇帝,应该是清朝爱新觉罗·福临。相传,他因为董鄂妃的死而伤心欲绝,看破红尘,出家当了和尚。他还编写了一部《皇后敬语录》,用以纪念他的爱妃。真是“人生自古有情痴,此恨不关风与月”。

最富有创造力的皇帝,爱新觉罗·弘历可算其一。他一生酷爱写诗、习字、骑射,一文一武,张弛有度。他自称为“十全老人”。

权衡一个皇帝是英明还是昏庸,不在于他作了多少首诗,画了多少幅画,有多少才艺,而是看他能否担负起对黎民苍生的责任,是否具备安邦治国平天下的才能,是否真正懂得“以民为本,天下归心”的道理。

6. 才情兼备的女子

古人云:“女子无才便是德。”可在中国的历史上,偏偏有这样一些奇女子,凭借自身的才华,在历史上留下了浓墨重彩的一笔。

汉朝的卓文君出身豪门,却与贫困书生司马相如相爱。她不顾家人阻拦反对，毅然与司马相如私奔，流落于市井，以卖酒为生。虽如此，但她同丈夫开创了历史上最早的一种文学体裁：赋。

东汉才女班昭乃著名史学家班固之妹。在失去兄长后，她强忍悲痛，续写完成中国历史上第一部断代史《汉书》。

同是汉朝的蔡文姬，一生命途多舛，颠沛流离，却作出了《胡笳十八拍》。

宋朝诗人苏东坡的妹妹苏小妹冰雪聪明，洞房之夜出题考新郎，其佳作流传至今。

而同一时代的女词人李清照在国家危难之时发出了“生当作人杰，死亦为鬼雄”的誓言，至今仍激荡人心。

唐朝大臣上官仪之女上官婉儿才华横溢、温婉美丽，深得武则天喜爱，是其左膀右臂。上官婉儿也成为中国唯一一位朝堂之上参政议政的女官，其位与丞相并重。

以上这些才女用她们的兰心蕙质为中国的男权社会注入了一股清泉。书香红颜、才情兼备，她们也为中国历史书写了最温情华美的篇章。

7. 人言可畏

“人言可畏”出自《诗·郑风·将仲子》。春秋时期，有个名叫仲子的男子，爱上了一个姑娘，想与她幽会。姑娘却说：“仲子，我也思念你，只是怕父母要骂我，怕哥哥要骂我，怕人家风言风语要议论我。”于是便有了“人言可畏”。

“人言可畏”这四个字有时有让人难以承受的重量。

《孔雀东南飞》中，刘兰芝与焦仲卿恩爱有加，但因刘兰芝婚后无子，婆婆便要焦仲卿休了她。焦仲卿向母亲求情，但人言可畏，他这样一个孝子怎能为了妻子背上“不孝”的罪名呢？于是，他含恨将兰芝送回娘家。后来，兰芝的兄长让她与太守结婚，长兄如父，她只能答应。最后，两个相爱的人只能相约黄泉。

木兰替父从军，报效国家，本是忠孝两全的事，但在封建体制下，怎奈人言可畏，她只能女扮男装。12 年后，她班师回朝，尽管战功赫赫，但也因为人言可畏，她只能选择回家侍奉爹娘。

屈原,一生为实现楚国统一大业而奋斗。楚怀王因听信小人诬陷而疏远了屈原,连屈原自己也感慨"众女嫉余之蛾眉兮,谣诼谓余以善淫"。最终不敌人言可畏,他悲愤难挨,自沉于汨罗江。

《长恨歌》记载了唐玄宗和杨玉环的爱情。"在天愿作比翼鸟,在地愿为连理枝,天长地久有时尽,此恨绵绵无绝期。"君王的爱情,也敌不过人言可畏。马嵬坡下,杨玉环便是在众将士的呼喊中香消玉殒。

曹操,可谓一世枭雄,但他却一生只坐拥帝权而不登帝位,归根结底还是因人言可畏!

纵览历史,又有几人能真正做到走自己的路,任由他人言说呢?恐怕更多的时候,只能叹一句,"人之多言,亦可畏也"。

8. 贵在"持之以恒"

古往今来,纵观成大事者必有一个相同的因素,那就是"持之以恒"。可见意志力对一个人的成功有重要影响。

三皇五帝时期的神农,要不是他持之以恒地"尝百草之实,察酸苦之味,教民食五谷",恐怕当时的人们还一直茹毛饮血呢。

吴越争霸时期的越王勾践,立志报仇,卧薪尝胆。由于他的坚韧和隐忍,抓住时机最终灭掉了吴国。正因为他持之以恒,才得以一雪前耻。

秦朝,也正因为秦始皇坚定信念,才有了我国历史上第一次大一统。

三国时期的刘备,若不是他持之以恒,用诚恳之心,"三顾茅庐",拜请诸葛亮,又怎会有诸葛亮辅佐刘家几十年?

从以上事例不难看出,凡成大事者,虽然他们所处的时代、地位不同,但都坚定信念,持之以恒,最终实现了自己的目标。

三、国内地理归纳论证练习

1. 城市与爱情

爱情是一个亘古不变的话题,接下来,我们一起去领略城市中的爱情。

首先,爱之风景——杭州。"千年情缘之断桥"。垂柳下、湖石边、断桥上，爱情就像一缕清风。一首缠绵悱恻的《千年等一回》，一本人蛇相恋的《白蛇传》，让断桥成了情人心目中的爱之桥、情之结。

接下来是爱之风景——西安。沉香亭因沉香木构造而得名，相传是唐明皇与杨贵妃消夏纳凉的所在地，他们两个的爱情正可谓“名花倾国两相欢，长得君王带笑看，解释春风无限恨，沉香亭北倚阑干”。一座沉香亭，一座沉淀着唐明皇、杨贵妃爱情的皇家宫殿。

接着是爱之风景——上海。电影《画魂》大家并不陌生，潘玉良原是一个目不识丁的青楼女子，后嫁给潘赞化，并随夫姓。从此，她便在丈夫的鼓励和支持下学习绘画，并出国留学，后来成为上海美术专科学校西画系主任。对这份真爱最好的证明与回报就是潘玉良的成功，真爱需要的是一份理解与支持，还有无怨无悔的期盼。

然后是爱之风景——成都。望江楼的爱情故事系于薛涛和元稹之间。薛涛是唐代的女诗人，元稹是才华横溢的才子。元稹被皇上召见，薛涛就在望江楼旁汲取井水，手制书笺，留下了诸多表达相思之情的动人诗句。一叠薛涛笺，满腹相思泪。欲问相思处，花开花落时。

最后是爱之风景——都江堰的“夫妻桥”。都江堰的“安澜索桥”又名“夫妻桥”。在清朝嘉庆年间，渡口翻船，100余人葬身鱼腹。如此惨状令私塾先生何先德及其妇人坐卧不安。他俩察看地形，翻阅建桥史料，请教当地水木工人，游说八方募集资金。但是在桥尚未建成之时，两位樵夫不听劝阻，顶风过桥，落水丧生。渡口“把头”买通官府，诬其草菅人命，何先德含恨九泉。他的妻子强压悲愤，继承夫志，完成了索桥的修建。这种爱情表现的是一种承担、一种责任。

这些城市似乎因为这些美好的爱情的存在，也变得动人、富有人情味。如果说一座城市的美在于它的情，那么生活在温情城市中的人们会更加珍惜那份独有的爱情，无时无刻不呵护着这种别样的情感。

2. 城市特色文化

在祖国的版图上有许许多多的城市，它们不只地理位置不同，城市面积不同，更多的不同在于它们的文化艺术。

藏传佛教音乐在我国经历了民族化、世俗化的进程,留下了数以千计的梵呗和各种曲牌,丰富了传统音乐艺术的资源。它是民族文化的瑰宝,向世人展示了它的神韵。

昆明有一个非常出名的建筑——金殿。它并非真金建造而成的,而是铜铸的,是我国现今规模最大、工艺最精美、保存最完好的铜殿。青铜器证明了古滇国的青铜文化无论在思想性、艺术性,还是在科学技术方面,都处于当时世界的领先水平。它以其绚丽的地方色彩、浓厚的民族风格和先进的铸造工艺成为民族历史文化宝库中的瑰宝。

提到苏州,人们总会想到苏绣,但是跟苏绣并称为姐妹艺术的缂丝,也是苏州人的骄傲。人们都说缂丝与帝王们的生活是紧紧连在一起的。为什么会有这种说法呢?因为历朝历代皇帝的新衣都是由苏州缂丝艺人进奉的,当然也包括龙袍。缂丝如此深得皇帝喜爱的原因:刺绣的色彩完全靠丝光,可是一摸就起毛了,再一洗,丝光就全没了。而缂丝就大不相同了,颜色古朴典雅的缂丝不但不怕摸,还可以洗,所以可以长久保存,经得起珍藏。缂丝最令人叫绝的是它的制作,其中上色是中国仅有的一种绝活儿。

如今,繁华的上海仍然保留了昔日的老弄堂。这些在今天的人们看来有些简陋的房屋,实际上记录了一个时代甚至几个时代的历史故事。同时也记录了不同阶层、不同文化背景的人们的生活情况。可以说,老上海的弄堂是中国文化的一个缩影。其中积累了许多流传于世的典故,丰富了传统文化内涵。漫步于老弄堂之中,你会感到四处弥漫着怀旧的气氛,让人充满丝丝愁绪。

说到贵州,不能不提蜡染,它的工艺到现在还是一个未解之谜。蜡染的冰纹就像人的指纹一样各不相同。就算你用同样的图案、同样的蜡画布料去作画,最终的图案、韵味也是各不相同。可见中国民间文化的奇特和珍贵。

以上不难看出,每个城市都有自己的特点,但也有一个共同点——它们都有自己独特的文化和魅力,它们都是中国文化的缩影,也是中国文化的重要组成部分,更对世界文化有着深远的影响。

3. 城市特色经济

向大家介绍一下我到过的几个南方城市的特色经济。

提到重庆,人们首先想到的多是火辣辣的火锅。是的,火锅早在清朝初期就在重庆诞生了。码头人力工人把牛杂放进又咸又麻又辣的卤水中,煮熟就吃。经过几十年的发展,火锅成了颇具特色的食物。不管是外地人还是外国人,到了重庆必先品尝火锅。火锅代表着重庆人的直爽、火辣,形成了一种饮食文化和地域特色。由火锅发展旅游经济也成为重庆的一大特色。

自贡的灯也很有名气。从西汉起,自贡就有赏灯的习俗,后人沿袭这种风俗,并将其发扬光大。在中国,自贡的灯会被称为"南国灯会",现已向全球推广。每年灯会期间,自贡都会接待数以千计的国内外游客。

成都和成都人给他人的印象多是闲散和安逸的。午后的长街上、公园里,人们三五成群地品茶、聊天。成都由于气候适于茶树的种植,茶品众多。外省人来此,必先带回一些"青山绿水"馈赠友人。成都把茶文化发展为旅游经济的一部分。

宜宾地区宜种酿酒的粮食,所以自古就产酒。百姓对酿酒技术极有研究。经过不断发展,各酒坊渐渐壮大。"五粮液"就产自四川宜宾,于是宜宾就成了酒文化的代表。

以上这些地区将地域的生活习惯和风俗发展成了一项特色经济,成为城市自身特色的重要组成部分。

4. 中国戏曲名天下

中国有五千年文明。有人说,中国是一本故事总集,因为这里的一草一木、一人一物都有一段鲜为人知的故事。也有人说,中国是一个舞台,各个角落都能演绎绝世无双的佳作。一个城市代表一段历史,每一段历史都有一段唱词。今天,就让我带您从北京起程,去聆听一段段唱词,细述一段段历史。

外国人把京剧叫作"Peking Opera"。走进首都北京,先来听听京剧。京剧被誉为我国国粹。京剧的发展,大致可以分为四个时期:1790—1840 年徽汉合流的孕育期;1840—1883年徽汉融合为京剧的形成期;1883—1917年的成熟期;直至1917年,随着余叔岩、杨小楼、梅兰芳等京剧宗师的出现,京剧发展至鼎盛期。京剧为什么被称为国粹呢?我想第一是因为它是极具包容性的戏剧,在它形成伊始就吸纳了我国许多民间戏剧流派的精华;第二,它是一种源于民间、传于宫廷、再盛于民间的艺术。如今走在繁华的长安街头遇上一个金发碧眼的外国人,问其对中国的了解,他一定知道五颜六色的京剧脸谱和抑扬顿挫的唱腔,并会伸出大拇指:“Peking Opera,Good.”

“刘大哥讲话,理太偏,谁说女子不如男?”走进河南郑州,几乎所有人都会哼上几句,因为这是河南的瑰宝“豫剧”。它的代表人物常香玉可是勇敢地唱出了女汉子的心声:巾帼不让须眉!豫剧也称“河南梆子”,因为它形成之初大多靠演员的本嗓演绎,所以也叫“靠山吼”。光听这个名字就知道,豫剧有来自大山深处的质朴和豪爽。

“树上的鸟儿成双对……夫妻双双把家还。”走进安徽合肥,迎面扑来的全是如此清新婉约的调子和如此清丽脱俗的唱词,因为我们走进的是黄梅戏的故乡。黄梅戏分为花腔和平词两种,前者带有浓郁的生活气息和民歌风味,后者带有大段的叙事和抒情。黄梅戏被称为中国最“阳春白雪”的一种戏曲。

告别黄梅戏,来到上海,都说上海的女子是全国最“嗲”的,男子是“最小家子气”的。其实这样的评价并非贬义,越剧文化淋漓尽致地揭示了上海人骨子里的本性。越剧亦有“中国第二大戏剧”之称,同时也是中国在海外享有盛誉的艺术之一。它的情节涵盖了大量的中国民间故事和传说,极具文学价值。它对服装、道具、灯光、舞美及演员的要求都极高,所以也被称为“中国最难演绎的戏剧”。

绕了一个大圈子,回到四川,脚踏天府,看着休闲、麻辣、温柔的成都,不得不承认这座城市之所以让人“来了就不想走”,源于它的多姿多彩。自古有“蜀戏冠天下”的说法。轻轻一抹、一吹、一弹、一拉就是一张张变化无穷的脸。作为川剧绝活,变脸无疑给天府文化蒙上了一层神秘的色彩。但也许您还不知道,变脸在最开始仅仅是智慧的蜀人驱鬼避邪的民间偏方,后来随着川剧的发展才被逐渐戏剧化,最后搬上舞台,成为今天川剧艺术的“绝活”。

从北京到成都,一路走来,深切地体会到中国戏曲艺术的博大精深。其实这些戏曲的历史折射的就是一座座城市的历史。先辈创造这些宝贵的非物质文化遗产,我们这些后人要对它们继承创新,将它们发扬光大。

四、国外地理归纳论证练习

1. 废墟

余秋雨说:“废墟是毁灭,是葬送,是诀别,是选择,时间的力量理应在大地上留下痕迹。”

玛雅文明大约形成于公元前 2500 年,但在大约 16 世纪,它却消失在中美洲的热带雨林中。现在玛雅人留给我们的只剩一些隐匿在丛林中的石像、祭坛、天文台,让我们去想象玛雅曾经的辉煌。

立于哈夫拉金字塔旁的狮身人面像几千年来忠诚地守卫着法老们的陵墓,而历经千年的它,如今像一个年迈的武士,胡子断了,鼻子塌了,轮廓模糊了,已不复当年的威武与雄壮。

罗布泊西岸的楼兰古城曾经是西域最耀眼的明珠,人口众多,商贾如云。然而,2000 多年前,它销声匿迹,只留给我们一些散落的木雕残片和断墙,无比荒凉。

意大利的庞贝和赫库兰尼姆古城,在公元前 79 年 8 月 24 日,被火山吞噬。1000 年之后,它像一个时光隧道中迷途的幽灵重现人间,也像一具城市的木乃伊,尽力保留自己昔日的容颜。

希腊的雅典卫城,经过战争毁坏和 2000 多年的风雨侵蚀,如今众多文物已被搬入博物馆,女神像也流落异邦,昔日的华美已不在,只剩下一些石柱擎天而立,如同竖琴在演奏着穿越时空的乐曲。

罗马的大角斗场,是古罗马的象征,它气势恢宏,而它最终也没有逃脱化作废墟的命运,只留下了残垣断壁,供我们想象着昔日的人声鼎沸。

这些废墟是古人曾有的壮举,它们失去了昔日的光辉,却成了历史的载体、时间的见证,成了过去派往现代的使者。废墟以其残败昭示了沧桑,以其凄凉、沉重诠释了一种震撼人心的美。废墟如同一个巨大的磁场,一极连着古代,一极连着现代,“时间的力量理应在大地上留下痕迹”,这痕迹便是废墟。

2. 战火下的“花朵”

一直以来很喜欢毕加索的绘画,他的绘画总有一种痛苦的诗意和深刻,让人在惊讶之后被感动。《格尔尼卡》是他一幅直抵人心的作品。绘画以战争为题材,画面上残肢、断臂、哭泣的母亲及代表法西斯的牛头,让人看到了战争的血腥与残酷。但一把断剑之下,毕加索画上了一朵美丽的小花,这是在废墟中新生的生命,也是大师想告诉世人:战争可以吞噬一切,但永远摧毁不了人们的精神与意志!

法国作为被法西斯打败的国家,国土虽然被占领,但人民并没有因此而屈服。戴高乐将军流亡到美国,组建了自由法国,他的口号是:我们不要被奴役,我们要自由!

圣彼得堡在“二战”期间被德军包围了八个月,希特勒曾叫嚣要将圣彼得堡从地图上抹去,然而他没有想到他面临的是最顽强的抵抗。圣彼得堡人民在面对着饥饿、恐惧、死亡之时,毅然选择了抵抗到底。

维也纳在“二战”中被占领,但就在最困难的时期,金色大厅里依然演奏着贝多芬、莫扎特的乐章,意思再明白不过:你可以打败我、征服我,但你无法支配我的灵魂!

在北非,英国的两个集团军被德国打得一败涂地,法西斯的刀锋曾一度直指开罗。蒙哥马利将军临危受命,来到北非重建第七集团军,他的第一句话就是:“我们要有希望!”

伦敦在“二战”中几乎每天都要被轰炸。有一个小店的老板,第一天他的商店被炸了,但他挂出的牌子却是“今天照常营业”。第二天他的商店又被炸了,只剩下了一个摇摇欲坠的门。他将牌子捡起来重新挂上,上面仍然写着“今天照常营业”。

战争,一直被认为是人类文明最大的灾难,它能让一切灰飞烟灭,但不能摧毁高贵不屈的灵魂。这些灵魂与精神如同那炮火下盛开的花朵，在铁蹄的强权下绽放。

3. 激情

2006年的夏天，是我所经历过的有史以来最热的夏天。这种火热一方面来自居高不下的温度，另一方面则来自那波及五大洲四大洋的不可阻挡的巨浪——2006年德国世界杯。是什么牵动了世界的眼球？是足球运动带来的艺术与激情！正是这种激情，吸引了所有的球迷为之呐喊、疯狂，激情成为任何一个国家都无法压抑的力量。

法国足球中蕴涵的浪漫是那样地让人心动。可当你看到齐达内“士可杀，不可辱”的行为时，你就该知道法兰西民族是一个激情刚毅的民族。回顾法国历史，18世纪的法国，资本主义工商业已经有了很大进步，发达程度在欧洲可以说是首屈一指，但专制政府的盘剥、贵族教士的压迫严重阻碍了国家和社会的发展。这时，法国人民激情澎湃地发动了一场废旧立新的伟大革命，“君主立宪派”“吉伦特派”“雅各宾派”，这些在世界史上熠熠生辉的名词，推动了法国前进的步伐，让人们看到了法国人追求进步时的勇敢与激情。

葡萄牙是个小国，可足球的实力不弱。这个民族具有强大的进取心和坚韧的品格！他们勇往直前、义无反顾的精神，他们对人才和科技的尊重，他们以开放的态度对其他民族长处的学习和利用，这一切都来源于他们对自身的肯定和澎湃的激情。

俄罗斯与世界杯无缘，但并不代表他们与激情也无缘。事实上，这个民族所蕴藏的激情实在让人钦佩和崇拜。19世纪初，法俄两国争夺欧洲大陆霸权，拿破仑曾率领近60万军队入侵俄罗斯，想要直取俄罗斯的“心脏”莫斯科。正当他得意忘形的时候，一场大火让他惊惶失措，不久就溃不成军，仓皇而逃，这就是著名的莫斯科大火。这场大火虽然赶走了入侵者，但俄罗斯人民也付出了惨痛的代价，整个莫斯科一夜之间成了一片废墟，但俄罗斯人这种“宁为玉碎，不为瓦全”的精神和行动向世界宣告了他们民族的战斗激情与坚强意志！希望有一天，俄法两国能在世界杯上“狭路相逢”，可以用另一种方式一战高下。

美国一直是超级大国,可在世界杯上要走的路还很远。虽然球场上激情无处宣泄,但美国一直就是激情洋溢的民族。它的历史只有200多年,一次南北战争彻底改变了它的政治体制。持久的对垒和激烈的反抗,让美国摆脱了不平等的状态,黑人解放给整个社会和国家带来了曙光。正是这种追求民主和平等的激情,带领美国走进了一个更光辉灿烂的时代。

最后要说的是中国,虽然中国队很少走进世界杯的大门,但世界杯不能没有中国,因为中国拥有最庞大的球迷队伍。可以说,如果世界杯少了中国的捧场,绝对是一种巨大的损失。因为中华民族的血液里都流淌着激情。远的不说,从1840年鸦片战争开始,中国人就用血泪谱写了追求真理的激情。中国人力求社会制度的不断变革,或暴力或温和,如戊戌变法、百日维新;对帝国主义压迫的不断反抗,如三元里人民抗英、甲午战争等。这种高昂的斗志与激情更延续到抗日战争、解放战争和今天的国家建设中。中华民族一直用可歌可泣的方式诠释着激情的含义。

世界杯已经结束了,这四年一次的"豪门盛宴",释放了人们储备已久的激情。激情是人类情感的宣泄。有了激情,我们会拥有创新、开拓、灵感、进步和无畏的勇气!

4. 四个角落的改变

在影片中,常把巴黎的暗巷、伦敦的地铁、纽约的贫民区和悉尼的列王十字区作为黑暗和堕落的代名词。然而,现在这些地方早已不再黑暗,而是充满了光明和希望。

当午夜的钟声刚刚敲过,巴黎暗巷中的杀戮和械斗便开始了。影片固然有虚构,但也确实是当时巴黎人生活的真实写照。可此时此刻,若你再踏上巴黎的土地,你会发现在那里再也没有任何可以用"暗"来形容的事物,到处都是灯火通明,到处都是人们欢乐的笑容。空气中弥漫的是巴黎的艺术气息,还有沁人心脾的酒香。巴黎人用他们的实际行动重新谱写出属于法国人的规整和浪漫。

伦敦的地铁,一直是枪支和毒品交易的"最佳场所",同时也是英国警察最头疼的地方。但现在再提起它,英国人会很高兴地告诉你,它代表的是“狄更斯节”。英国政府把每年的5月28日定为“狄更斯节”。每到这天,人们会身着狄更斯小说中人物的服装,从伦敦的肯特郡乘车出发,去往四面八方,车内载的是欢乐的人群,他们用自己的方式去回忆狄更斯笔下古典的伦敦。

当我们将目光投向影片中时,在《金刚》《第五元素》《黑衣人》《独立日》等美国大片中,出现了不少贫民区的镜头。当那些好莱坞的著名导演把纽约的贫民区誉为最大的天然摄影棚时,似乎向所有人表明了处于贫富两极的人们有了交集。

悉尼的列王十字区一直被称为悉尼夜生活的红灯区。到了夜晚,除了吸毒者、妓女和嫖客,没有人会在这里。可是今天的列王十字区却已抛弃了过去的帽子,因为现在居住在那里的是悉尼大大小小的艺术家。人们除了去那里听歌剧,还要到那里寻找一种充满生命活力的感觉。

这仅仅是世界的四个角落,这些角落的改变赫然宣告了人类的改变、人类思想的改变。现在我们欣喜地发现城市在进步,那是因为人的灵与肉没有分离,知与行没有错位。

5. 艺术的魅力

美国的涂鸦备受艺术爱好者的关注。20世纪60年代,街头涂鸦刚刚在纽约出现的时候,几乎没有人相信这种看上去乱糟糟的东西后来会登堂入室。实际上,大批街头艺术家在不知不觉中参与了城市风格的营造。各种各样充满个性色彩的图画给城市带来了独树一帜的特征和风韵,吸引了从四面八方来美国观光的游客。

在西班牙,狂热奔放的“弗朗明戈”同样会使你眼前一亮,歌手的叫喊声、感叹声、舞者用脚跟敲击地板的清脆响声,都将点燃你心中的热情之火,让你知道西班牙人民的自由豪放。

有“多瑙河女神”之称的维也纳,它的名字始终是和艺术连在一起的。每年都会有大量的游客来维也纳接受艺术的洗礼。新年音乐会更是知名人士踊跃出现的场所。这片音乐的国土孕育了一批知名的音乐家:海顿、莫扎特、贝多芬、舒伯特、约翰·施特劳斯父子、格留克和勃拉姆斯,他们都曾在此度过多年的音乐生涯,他们留下的作品至今仍为全世界人民演奏、传唱。

说到日本,就不得不提"能剧"。"能剧"拥有大约600年的历史,融合了舞蹈、戏剧、音乐及诗歌等要素,是现在世界上最古老的舞台艺术。虽然真正能听懂"能剧"的人并不多,但这一神秘的剧种仍被许多人所喜爱。

看来,语言、文化、习俗、历史……每个国家都有所不同,但艺术永无国界,它可以超越时空、跨越民族。优美的音乐可以使人伤感,也可以使人快乐;精美的绘画可以让人赏心悦目,也可以陶冶情操;舞蹈不需要任何语言便可表达出舞者内心的感受。这些不同的艺术形态可以感染每一个人,使我们的生活多姿多彩。看来,艺术的魅力让所有人都无法抗拒,我们会因艺术相互探讨,我们也会因艺术相聚一堂。所以,从某个意义上说,艺术带来了友好与和平。

6. 地铁

《开往春天的地铁》这部电影让我爱上了奔驰在城市下面的交通工具——地铁。我们一起来看一下世界的地铁吧。

伦敦于1863年建成了世界上首列地铁,总干线长6公里。尽管当时由于科技水平等因素的限制,伦敦的地铁并不是很理想,但人们乘坐地铁的积极性很高,在地铁建成当年就运载乘客950多万人次。随着时间的推移、科技的发展,伦敦曾经拥有全世界最长的地铁。

土耳其伊斯坦布尔的第一条地铁长度仅有0.6公里,2个地铁站,是全世界最短的地铁。但在当时它依然是伊斯坦布尔一道独特的风景线,解决了当地交通拥堵的问题。

朝鲜平壤由于独特的地质原因,地铁线路和车站都修在了距离地面70—80米深的地下,是世界上最深的地铁,每天吸引数十万乘客乘坐。

巴黎是举世闻名的"时尚之都",巴黎的地铁也全球闻名。它的建筑十分精美,技术设备极为先进,并融入了许多艺术气息,是全世界最豪华的地铁站,被誉为"法国地下宫殿"。更值得一提的是,在法国地铁站,随处可以看到进行表演的流浪艺人，他们为地铁增加了浪漫的艺术气息。

莫斯科拥有全世界最方便的地铁。它运行时间长，发车频繁，平均90秒一辆，行车迅速，而且票价低廉，为赶时间的年轻人提供了很大方便。

纽约的地铁与前面的相比可能并不算漂亮，有时乘坐也不方便，却是世界上唯一一处24小时运行的地铁。它的覆盖面广，分布在五个行政区，每天的客运量达400万人次。

地铁是一个城市的脉络，也是穿梭在城市地下的精灵。不同地区的地铁有着不同的风格特色，但它们却有一个共同之处——给拥挤城市的人们出行提供了方便。如今，飞驰的地铁已经成为城市飞速发展的象征，也是一个城市人民智慧和文明的结晶。

7. 各国饮食文化

在英国，人们都有喝下午茶的习惯。大约下午三四点钟，人们都会不约而同地放下手头工作，坐在茶桌前。于是，在下午明媚的阳光中，在缕缕浓香的红茶、咖啡中，人们忘却了工作的压力，让疲劳的神经暂时得到缓解。其中，剑桥大学的下午茶可以说世界闻名，因为这里的茶室沙龙“喝出了”无数的博士与学者，浓缩了全英国的绅士风度和骑士精神。

再来看看美国，不要以为美国只有麦当劳、肯德基。其实，美国旧金山也是美食天堂。旧金山的咖啡十分有名，种类数不胜数，而旧金山也被称为“用咖啡勺丈量生活的城市”。

让我们再将目光转向法国。“法国”两个字本身就是时尚、艺术、浪漫的代名词。追求高品质生活的法国人对美食的追求更是永无止境。法式鹅肝的香浓醇厚、法式蜗牛的香滑可口……让人垂涎欲滴。就是一客普通的牛排，单是调味汁就可以多达几十种。而法国的葡萄酒，更是从年份、产地、香味、色泽、口感甚至到杯挂的痕迹，每一个细节都要几经推敲，这种法国式的挑剔使得法式大餐成为天下食客的美梦。

韩国也吸引着无数人的目光。且不说热气腾腾的韩式烧烤和美味的石锅拌饭，单是韩式泡菜就足以让人眼花缭乱。从简单的各色蔬菜，到品种繁多的海鲜，再到昂贵的高丽参，韩国人都将其往坛子里泡。

日本饮食更注重营养。日本人喜欢生吃海鲜,最大限度地保持海鲜的鲜味与营养价值。而且日本海鲜寿司花样繁多。日本人注重吃相的文雅,使得美食往往都是小巧而精致的。

中国美食文化的博大精深,实在很难用语言表达。“八大菜系”四个字就足以令人振聋发聩,更别说那多如繁星的民间小吃了。中国的古人深知“食”的重要性,提出了“民以食为天”等至理名言,提醒君王要注意饮食对百姓的重要。想要坐稳江山,先让百姓吃饱肚子。

从世界各地的饮食文化可以看出:“吃”已从最基本的果腹蜕变成一种精神、一种文化。人类经济文化的进步从这一日三餐的碗碟中就可得到最好的印证。

五、绘画类比论证练习

1. 胜亦欣然败亦喜

莫奈与梵高是前、后印象派的著名大师,他们所代表的不仅是一个派别,还代表着乐观和悲观两种人生态度。

莫奈的《日出·印象》中,跳跃的光、跳跃的色、跳跃的水将人们引入自然界色彩斑驳的氛围之中,人们感受到欣喜,和对大自然美景的向往。而在《睡莲》中,人们首先看到的是那朵在黎明之前准时盛开的莲花,它似乎是向人们展示着盛开在水面之上,与水融为一体的色调。《撑阳伞的女人》,她无论是向右还是向左,都像苏州的双面绣一样,让人们沉浸于惊奇之中。画面中描绘出的那片柔和的阳光,一片浮云、一把阳伞、一位美丽的少妇,还有她的微笑,令人们似乎感受到少妇的恬静与安然。《贝尔岛的岩石》,画面中央是一块坚不可摧的岩石,而最引人注意的是四溅的浪花。我们似乎可以闻到海水的咸味,并且感受到海浪不断冲击着岩石。莫奈通过他的作品向我们透露他的乐观态度。

与莫奈风格相对的是梵高,他是一个悲观主义者。向日葵本来是蓬勃向上、生机勃勃的代表,而他所画的《向日葵》却是养在一个花盆里,仿佛将生命无限扩张的欲望放弃了。《星月夜》体现的悲观则更加明显,点点繁星缀在黝黑的布景之中，一片恐怖惊惧之色，而星空下的小镇与燃烧的梧桐也都沉浸在一片不安之中，令观者感觉到画中透出的绝望。《海滨的渔船》，五条海船，两条被搁浅在沙滩，三条漂荡在海上，而无论是搁浅或漂流，都显示出了一种孤寂、无助。《乌鸦群飞过麦田》，画面正中央是一条断掉的小路，预示着生命的尽头，画的上方还有一群代表死亡的乌鸦。这幅画是梵高的绝笔之作。应该说，他的人生悲剧也是他对生活的悲观态度造成的。

在美术作品中，不管是乐观主义造就的名作，还是悲观主义铸成的精品，我们既要从乐观中找寻坚强，也要从悲观中看到希望。

2. 绘画中的对比

在欣赏绘画时，我们可以发现画家运用了很多对比，体现了绘画的内涵。

首先是线条的对比。在《维纳斯的凯旋》这幅画中，湛蓝的天空里一片乌云最引人注目，旁边飘逸的丝带更加突出了乌云的厚重。这种轻柔与厚重的对比，衬托出了画作中的享乐气氛。《劫夺留西帕斯的女儿》中具备了刚与柔之美。画中英雄的力量与少女的柔美充分体现了这点，也正是这种对比使得画作的戏剧感更加强烈。在《泉》这幅画中，首先映入眼帘的就是流淌下来的泉水，泉水的清澈动感与有棱有角的瓷瓶形成了鲜明对比，也衬托出少女身材的曲线之美。《晚钟》中农民放在地上的农具与照在松软土地上的阳光形成了刚与柔的对比，更加表现出了农民生活的贫苦。通过以上这些对比，我们得以更加全面地理解画中的内涵。

其次是色彩的对比。《倒牛奶的女仆》中，我们可以看到在阴暗的小屋里，一缕阳光照在女仆身后的墙上，整幅画形成了明与暗的对比，表现出女仆内心的压抑。在《卖水的老人》中，首先入目的背景全是黑色，而卖水老人和小男孩则是画面的一个亮点，在黑暗中显得更加突出，让人们容易注意到小男孩和老人脸上的表情。这种对比不但反映出贫富、背景的不同，而且更加突出了画面的内容。《石工》这幅画采用了非常明显的明暗对比。画的上半部分采用的是暗色调，而最引人注目的则是暗色调中有一块明色调——湛蓝的天空。这种明暗的对比给读者增加了一丝遐想，体现出所谓“希望”

的含义。而《杜普教授的解剖课》中的明暗对比,则表现出了人物的内心世界。明处集中在杜普教授的手上,学生则是在大片的黑色中,这种对比反映了画中人各自不同的心态。

最后,无论是事物线条、色彩,还是光的对比,都是画家在绘画中经常运用的绘画表达方法。而正是有效运用了这些表达方法,才使得画面更加完整,内涵更加丰富。

3. 画由心生

每一幅画都有生命,拥有"自己"的个性、情绪。因为画作是画家内心感受的表达和宣泄,也许是明朗、欢乐,也许是沉重、压抑。

人们都说梵高的一生印证了什么叫悲剧,但是悲哀的梵高却创作了《向日葵》。画中明快的色彩不仅使花显得如火焰般热烈,更让人体会到在画这幅画时,梵高热烈奔放的心境。

莫奈一生画过许多睡莲,无论是一朵两朵浸在雨中的,还是一池莲花映着夕阳的,每当我心情烦躁时,看一眼《睡莲》,顿觉神清气定。可想而知,莫奈在描绘睡莲时有着一种怎样的平和心态。

《倒牛奶的女仆》的画面就犹如从女工手中缓缓流出的纯净的牛奶,柔和而细腻。维米尔一定是怀着一种如晨光一样宁静的心绪,才使最质朴的生活在画面上充满了诗意。

安格尔的《泉》将少女的恬静美、纯洁美、古典美表现得淋漓尽致,而这样的美只有拥有一颗如泉水般圣洁的心灵,才能描绘出来。

有些画让我们觉得明丽、清朗,而有的画却会令我们感到压抑、不安。

蒙克的《呐喊》中,画面仿佛随着这个人的呼喊一起被扭曲了,猩红的色彩,恐惧的神情,这一切有一种震撼人心的悲剧力量。

米勒的《晚钟》里,横向延伸的地平线和纵向立着的夫妇形成了两个十字架,显得凝重而虔诚。如果米勒不是一个虔诚的教徒,不是怀着对农民深切的同情,是无法画出这种圣洁、肃穆的气氛的。

在《格尔尼卡》中,毕加索将一切都扭曲变形,压抑、痛苦、愤怒在画中蔓延。只有对战争深恶痛绝的人才能把极度的痛苦表达得如此淋漓尽致。

梵高的《乌鸦群飞过麦田》是他的绝笔画。画作中三条路都消失在金色的麦田中。金色原本代表着希望，但它带给梵高的却只有绝望，梵高内心的迷茫、困惑、绝望尽显无遗。

绘画是一种情绪的宣泄，是画家将心灵感受外化的结晶。当画家心情愉快、对生活充满希望时，他的画必定是轻松、明朗的；当画家孤独无助、内心痛苦时，他的画必定是压抑、沉重的。相由心生，画亦如此。

4. 画中景，画中人

一幅好画令人回味悠长，这种感受也许来自画中的景，也许来自画中的人。

乌云铺天盖地地袭来，矮矮的山丘躁动不安，柔弱的小草在风中拼命挣扎，整个小镇都在摇动。这是格列柯《托列多风景》带给我们的"山雨欲来风满楼"的感受。托列多小镇的风景让人感到压抑、孤独、沉闷，但在乌云的缝隙中分明可见片片白光。预示着，这是黎明之前的黑暗，风雨过后会有彩虹。

在莫奈的《日出·印象》中，空气中弥漫的雾气和暖色调的光线相互融合，让人分不清是雾在光中，还是光在雾中，细细观察，又觉雾气升腾、飘动，此刻世间的一切仿佛戛然而止。在这动与静的变化之间，观者的心灵也在随之变化，烦恼烟消云散，心情归于平静。我想，这正是画作的魅力所在。

对待绘画艺术极具个性处理的当属塞尚。他打破前人用线条勾勒的传统手法，用不同的小色块组成《圣维克多山》，却不乏秩序感，远处棱角分明的山，近处高高低低的房屋、郁郁葱葱的绿树都逐一展现。初观此画，便能立即感受到画家意图表达的宁静、和谐。

如果说《圣维克多山》是以它的"静"让人折服的话，那么梵高的《星月夜》则以"动"将画家内心的矛盾淋漓尽致地展现出来。画作中月亮和星空在不停旋转，不断甩出黄色光线，一切都处于一种运动状态。画家用有序、纵向的线条勾勒出远处的青山和近处的树。那树很高，树顶如针尖直冲云霄。漆黑的夜、扭曲的星空、怪异的树，让观者感受到画中的恐慌与不安。

一直以来，人们都把乌鸦看作不祥之物。在《乌鸦群飞过麦田》中，那两条看似充满生机的路,却没有出口,表现出画家当时的绝望与无奈。

景物表现画家的心境,而画中的人物则是画家自身的真实体现。

丢勒的《自画像》中,那自信坚定的眼神、那直指心脏的手指仿佛在告诉世人,艺术在他心中的地位是不亚于宗教和国王的。或许正是这份自信与坚定,才使得他拥有"德国第一个有思想的艺术家"的称谓。

对比越强烈越不和谐。在鲁本斯的《劫夺留西帕斯的女儿》中,就充斥着这种不和谐。画中男子的黝黑和女子的白皙、男子有力的臂膀和女子无力的姿态、男子满脸争夺的满足和女子满目惊慌的恐惧……这一切的不和谐也引起我们对幸福、爱情的思考,其实有的时候放弃倒是一种获得,拥有反是一种失去。

许多人在看了维米尔的《倒牛奶的女仆》后,都觉得阳光下默默享受着自己工作的厨娘是美丽的,我也有同感。虽然她身份卑微,但她那用白布裹住的头发、干净的外衣、掖起的围裙,都透露出一种认真对待生活的态度。

《呐喊》中,黑色衣襟上架着的骷髅头、睁大的眼睛、张大的嘴、双手捂住耳朵的动作,无论是画名还是内容,都让我们感受到压抑到达极限时人的爆发。

查克・克洛斯的《苏珊像》,细腻、逼真地表现出人物脸上每寸肌肤和每个汗毛孔,细致精确到极点,而且画幅的尺寸非常大。当一个刻画精细的巨幅肖像画出现在我们面前时,一种被征服的感觉就会在人们心中油然而生。

不管是画中的风景,还是画中的人物,对于欣赏者来说,观画时有感受、有触动,便是一种收获。

六、历史类比论证练习

1. 变法与发明

中国历史上无数次的变法和发明推动了社会的发展,成为中国前进的动力。我们先来看历史上的变法给中国带来了怎样的发展。

公元前 356 年,秦国的商鞅变法:废井田,开阡陌,废除特权,奖励耕战,建立县制。从此,秦国的封建经济得到发展,实力得到增强,为秦统一六国创造了条件。

公元485年，北魏孝文帝颁布均田令，实行汉化政策。改革促进了北方经济的恢复，也促进了北方民族的融合。

后周周世宗采取措施开垦荒地，取消苛捐杂税，重视兴修水利，整顿军队，严格纪律。后周力量因此得到增强，为后来结束分裂割据的局面奠定了基础。

宋朝王安石变法期间，朝廷颁布青苗法、募役法、农田水利法、方田均税法，兴修水利，重视发展农业，增加国家收入，军事力量也有所增强。

我们再来看看历史上的一些发明给中国带来的发展。

蔡伦发明了造纸术，他把树皮、麻头、破布、破渔网等原料浸泡在水中，捣成浆状物，再蒸煮，最后摊成薄片晒干，形成纸。这时的纸，体轻质薄，很适合写字，为后人的书写提供了物质基础。

毕昇发明了活字印刷术。制版时，用一块带框的铁板作底托，上面放松香或蜡，然后把需要的胶泥活字拣出来排进框内，再用火烘烤，等松香等药剂熔化后，再用另一个板子压平排好的活字，待药剂冷却凝固后，就成为版型。这一发明为现代印刷术的出现奠定了基础。

指南针的广泛使用促进了海上交通贸易、中外文化交流和人类航海、航空、勘探事业的发展。

火药的发明与中国古代发达的冶铁技术有着密切联系。在冶铁过程中，工匠们发现硝石、硫黄与含碳物质合在一起加热后会爆炸。经过一定比例的配制，形成了火药，为枪、炮等武器的发明提供了必要条件。

不论是变法还是发明，都推动了社会的发展。创新发展是人类前进的动力，人类的文明史也是一部创新发展史。

2. 生命的高度

五千年华夏文明，不一样的时代、不一样的故事，成就了不一样的命运。在中国的历史舞台上，千千万万的女性留下了不同的生命印记。

褒姒，这个千金难买一笑的女子，深受幽王喜爱。幽王为博美人一笑，不惜烽火戏诸侯，上演了一场历史闹剧。虽然换来美人一笑，但这一“笑”，笑走了千军万马,笑失了诸侯信任,笑掉了大好江山。留下“美人一笑倾人城,再笑倾人国”的千古伤痛。

杨贵妃,“一骑红尘妃子笑,无人知是荔枝来”。这位爱吃荔枝的美女,把唐玄宗迷得神魂颠倒、晕头转向,君王为其不早朝。殊不知,国衰人亦亡,最终安史之乱爆发,自己也落得香消玉殒。

钟无艳,传说她的丑陋举世无双,而才华也举世无双。如果没有她,齐宣王只是一位不理朝政、花天酒地、败坏国家的昏君。她改变了宣王的堕落,给他当头一棒,诤诤谏言使齐宣王幡然醒悟。她尽心尽力地辅佐齐宣王,使齐国国力大增,成为“千乘之国”。

王昭君,当红颜被黄沙遮盖,只有那琵琶声,声声依旧。“昭君出塞”已成千古佳话。一位平凡的宫女,却完成了大汉的使命,她献身和亲,换来中原安宁。她带去了大汉的生产生活技术,提高了匈奴的生产力和生活水平,促进了边疆和谐。她为大汉所作的贡献令世人传唱,千古流芳。

文成公主,那个离苍天最近的地方,曾经生活着一位快乐的公主。西藏的布达拉宫就是当年松赞干布为文成公主所建的。文成公主远嫁吐蕃松赞干布,从那时起,西藏真正开始与中原进行文化交流。文成公主为唐朝将西藏纳入华夏的版图立下汗马功劳。可以说,文成公主是最成功的女外交官。

孝庄皇后,她成就了自己的丈夫,又成就了自己的儿子。在那黑暗的政治旋涡里,作为一个女人,她在清初的政治舞台上展现出非凡的才能,从皇太极到顺治再到康熙,大清王朝从崛起到问鼎中原就是她一生的传奇。

总之,作为女人,她们不一样的作为,成就了她们在人们心中不一样的地位。如果你也身为女子,请增加生命的高度。

3. 名人风采话关张

古往今来,成就一位名人需要太多的因素,有的天生就是奇才,有的需要经过磨炼方成大器。只有当先天和后天两大因素同时具备,才有可能成就一代名将,比如战神张飞和关羽。

张飞脸黑,传说他是面如锅底,眼如铜铃,有着方正的黑脸,身长八尺,声若巨雷,势如奔马,杀气腾腾,虎虎生威。

敌人见了张飞就害怕，所以有了后来吓退长坂坡的故事。当时张飞奉劝大哥刘备先走一步，自己带领二十余骑兵断后，横矛立马站于当阳桥上，大喝："我乃燕人张翼德也，谁敢与我决一死战？"其勇猛可见一斑。

要说有智谋的武将，张飞也是其中的佼佼者。建安二十年时，张飞驻守巴西。当时曹操手下大将张颌率二十万兵马围攻此郡，而城中可用兵士只有三万。张飞就是在如此险要的形势下先乱敌军士气，然后选择在一个夜晚亲率五千兵马突袭张颌后营，大破对方二十万大军，可以说是有勇有谋。

张飞勇猛无敌，于百万大军中斩杀敌将如探囊取物。他的武器是矛。矛讲究一击必杀，抓住敌将死穴，一击定输赢。

在关羽被东吴设计害死之后，张飞怒气冲天，令手下将领范强等在三天内做出十万支箭，如未完成则斩首示众。手下将领因害怕被杀而先将张飞杀死。一代名将的一生就此结束。

再说关羽。

关羽身高九尺，光胡须就长达两尺。和张飞不同，关羽脸不黑，而为红，所以有"红脸关羽"之称。试想一下，两军对垒，尚未开战，主将杀气冲天，必将鼓舞士气，因此关羽是一位天生的将领。

关羽被誉为三国最有价值的武将之一。当时关羽护送嫂子回刘备营地，可面前却拦了五个关卡，谁知关羽手起刀落，刀起头落，一路无阻。他还留下一句名言："单刀赴会，看鲁肃如何近我！"可见其勇猛不亚于张飞。

关羽也是一位智勇双全的将领。在对战于禁的战役中，关羽上演了以少胜多的好戏，水淹七军，令于禁叫苦不迭。关羽在这一战中充分利用了天时地利，使这一战成为三国史上最经典的战役之一。

关羽喜欢"斩"字，这是因为他与生俱来就有一种豪气。他用的武器是刀，刀比其他兵器更能淋漓尽致地演绎名将的飒爽英姿，一刀斩下，人仰马翻。

然而，就是因为关羽胜得太多，造成了他的骄傲，最后败走麦城，让人始料未及。

然而,无才的人怎可骄傲,无义的人又怎可自负?因此,我们应该为他们喝彩,在那个英雄林立的时代,他们的位置无可取代。

4. 伴君如伴虎——追忆历史上的贤臣名将

从古至今,每一次王朝的更替都是通过战争与杀戮的方式完成的,血腥与残忍充斥着整个历史的画卷。而每一位建朝君主的身边必然有几个能文能武的功臣,他们为一个朝代的建立立下汗马功劳。但是,自古帝王都害怕身边的朝臣功高盖主,一些功臣往往因一些莫须有的罪名含恨而终;也有一些明智之士早已预料到自己的命运,选择“急流勇退”,得以安度余生。

历史上以“急流勇退”闻名于世的第一人就是春秋时期吴国将领——孙武。春秋时期,诸侯争霸,群雄逐鹿,孙武协助吴王夫差打败了楚国。但在此之后,夫差日益自以为是,不纳贤言,甚至听从奸臣的挑拨,杀害功臣伍子胥。孙武对这一事件感到十分寒心,他深知“飞鸟绝,良弓藏;狐兔尽,走狗烹”的道理,于是悄然归隐深山。之后,他根据自己训练军队、指挥作战的经验,修订兵法13篇,使其日臻完善。孙武为自己留下了一条活路,也给历史留下了一部名著。

吴国的邻国越国,也有这么一位能臣,他就是范蠡。越王攻打吴国之时,正是采纳了范蠡的建议“按师整兵,待其败坏,随而击之”才得以获胜。攻吴成功后,越王设宴庆功,宴上群臣同乐,细心的范蠡发现唯独越王的脸上并无喜色,仔细思考之后,觉得“大名之下,难以久居”,明白勾践并不是可以同享乐之君主,于是隐姓埋名、泛舟五湖。李白有诗云:“终与安社稷,功成去五湖。”说的就是范蠡。

汉朝的开国功臣张良也是识时务的代表人物。汉王六年,平定了天下的刘邦大封功臣。因张良没有作战之功,刘邦便说:“运筹策帷帐中,决胜千里外,子房功也。自择齐三万户。”可张良却说:“始臣起下邳,与上会留,此天以臣授陛下。陛下用臣计,幸而时中,臣愿封留足矣,不敢当三万户。”于是刘邦封张良为留侯。表面是张良的谦虚推托之词,实则是他的权宜之计。张良是在目睹了韩信之死之后才领悟到不可居功的道理,保住了自己的性命。

“半路杀出个程咬金”“程咬金的三板斧”是我们耳熟能详的俗谚。程咬金有个外号叫“混世魔王”，真是人如其名，干的混事数不胜数。他曾为瓦岗寨大魔国国王，后投降李唐，凭小聪明和运气也立了不少大功。一生运气极好，历经高祖、太宗、高宗、武则天、中宗、睿宗六朝，可以说是隋唐英雄中第一福将。他的福，不是因为他的傻，而是来自他的心性，也来自他的外粗内细和处世精明。

唐朝的名将郭子仪，可以说是将“隐忍”二字诠释得最为淋漓尽致的一个人物。郭子仪戎马一生，平定了安史之乱，屡建奇功，忠勇爱国，宽厚待人，从不居功自傲，因此在朝中有极高的威望。为了避免是非，他还多次拒绝高官厚禄。郭子仪七十大寿，全家人都来拜寿，只有他的六儿媳升平公主未到。儿子气愤之下打了皇帝的金枝玉叶，郭子仪得知此事，立即带着儿子向代宗请罪。代宗大度地说：“儿女闺房琐事，何必计较，老大人权作耳聋，当没听见这回事算了。”郭子仪谢过皇恩，回家后痛打儿子，小两口才和好如初。郭子仪的隐忍，保全了全家人的安宁。

这些功臣虽都战功赫赫，但更深知“伴君如伴虎”的为臣之理，在功成之后得以身退，善始善终。但也有很多的名将贤臣，固执己见，不明不白地成为一缕冤魂。

与孙武同朝为官的伍子胥，自恃功高，没有听从孙武的建议一同辞官，还经常在处理国事时与夫差争执，最终为奸人所害，被赐剑自刎。可怜伍子胥，纵有文韬武略，也终因自己不舍权贵而丧命。

秦国一举灭六国是历史上的一大奇迹，而帮助秦王创造这个奇迹的人，就是战国四大名将之首——白起。白起指挥过许多重要战役：他率军大破楚军，攻入郢都，迫使楚国迁都，楚国从此一蹶不振；伊阙之战又歼灭韩魏24万联军，彻底扫平秦军东进之路；长平一战一举歼灭赵军45万人，开创了我国历史上最早、规模最大的包围歼敌战先例。大小70余战，没有败绩，六国军队闻白起而胆寒，他从最低级的武官一直升到封武安君。长平之战后，秦昭王欲发兵邯郸，当时白起并不赞成，外加卧病在床，就没有带兵作战，结果战败，白起听到后说：“当初秦王不听我的计谋，现在如何？”昭王听后大怒，外加小人挑拨,便迁怒于白起,赐剑令其自刎。一代名将白起,就这样结束了自己的生命。

岳飞是闻名中外的抗金英雄,也是最令人扼腕叹息的一代名将。岳飞一生经历一百多次战斗,所至之处,金兵无不闻风而逃。可惜这样一位顶天立地的英雄,在收复疆土的宏愿即将实现之际,却被朝廷十二道金牌催回,枉死于贼人秦桧之手。

明朝开国将领之一徐达,是史上第一位“由南而北伐中原夺天下者”,也是朱元璋的“十手足”之一。他一生助朱元璋打了无数胜仗,且为人谨慎谦逊。即使如此,生性多疑的朱元璋还是对他极不放心,欲除之而后快。相传朱元璋当年怕他威胁朝廷,赐他一大碗烧鹅。徐达对烧鹅过敏,平日不吃烧鹅。但皇帝所赐,又不能不吃。结果在涕泪纵横之下,他把朱元璋所赐的烧鹅全数吃完。之后,他因全身溃烂而死。

每个朝代的兴替都是一部血泪史,帝王无疑是这部历史的主角,但那些鞠躬尽瘁的贤臣将相的功绩也是不可磨灭的。

七、国内地理类比论证练习

1. 城市的特色——休闲的成都与活力的广州

成都历史悠久,是中国历史文化名城之一。五代后蜀后主喜赏花,偏爱芙蓉,下令在都城成都的城墙上遍植芙蓉树,并派专人护理。后人继承此俗,栽植芙蓉树。每到秋季,芙蓉花开,满城锦绣,花香四溢。成都因此得名为“芙蓉城”,简称“蓉城”。成都在中国历史上创造了两个奇迹:一个是它的名字,两千多年来从未变更过,这在中国地名史上实属罕见;二是两千多年来,成都一直是四川地区的首府,可以算是中国历史最悠久的省会城市之一。

成都是中国的后花园,有道是“四川茶馆甲天下,成都茶馆甲四川”。成都就是一个大茶馆,茶馆便是一个小成都。成都人的生活似乎都和茶馆有关。人们在这里款待宾客、结交朋友等。当你来到成都,无论是出差访友,还是旅游度假,都会被请上这一小方桌,品一杯清茶。今天的成都,茶室相接,茶馆林立。成都市大大小小的茶馆、茶楼有 3000 多家,几乎有人的地方就有茶馆,成都的茶馆文化已经深深融入这座城市的文化血脉之中。

广州又叫“羊城”,简称“穗”。民间传说古代南海有五位仙人,身穿五彩衣,骑着五色羊,每只羊口衔六支谷穗,降临“楚庭”,把谷穗送给这里的居民,并祝福此地永无饥荒。然后,五仙腾空而去,五羊化为岩石。今天越秀公园的五羊雕便是广州的象征。

广州是一座古都,有 2000 多年的历史。早在春秋时期,先民们就在这块土地上耕耘渔猎。它是古代海上“丝绸之路”的发源地,也是中外经济文化交流的重要门户。在漫长的历史长河中,广州由小渔村发展成为一个大都市。

广州是华南地区的政治、经济、文化中心。南部优越的地理环境和气候使得广州常年鲜花繁盛,独得“花城”之雅号。

最能体现广州民俗风情的就是广州的茶楼了,但它与成都的茶楼却是不同的。有人说,广州人的一天是从喝早茶开始的,说是喝茶,其实就是吃早餐。一本杂志、两杯香茶,年轻人在这里伴着轻柔的音乐探讨各种话题,一切的情感可以就着芬芳的茶香交流。古老的茶叶打造出一条流光溢彩、充满活力的珠江,装点着一个古老而又现代的广州。

每座城市都有其特有的历史和文化。每座城市的民俗、历史、发展,都代表着城市的文脉,焕发出绚丽的光彩。

2. 山水皆有灵

子曰:“仁者乐山,智者乐水。”说的是,仁爱的人像山一样平和、稳重,值得信赖,而聪明的人则像水一样灵动、敏捷,善于变通。想要具备山水般的品质,我想首先得了解我们祖国的山山水水。

水,可以滋养万物。青海湖位于我国青海省东北部,又名库库诺尔,蒙语意为青色的海。它清澈碧蓝、浩瀚缥缈,是大自然赐予青藏高原的瑰丽珍宝。夏秋之际,五彩缤纷的野花把芳草茵茵的草原点缀得如锦如缎,而蔚蓝的青海湖似海洋,深邃、典雅。在寒冷的冬季,结冰的湖面则像一个巨大的翡翠玉盘镶嵌在高山、草原之间,构成了一幅浓墨重彩的风景画。

有一个地方被称为“候鸟的天堂”,它就是水天一色的鄱阳湖。它的形成是一个巧合:在公元400年左右的刘宋初年,长江主河道移至今九江—湖口一带,滔滔的江水不仅阻挡了赣江的排水,还倒灌入赣江下游平原,这才逐步形成鄱阳湖。每年春夏之交,湖水猛涨,水面迅速扩大,但见碧波万顷,浩渺无际。每年冬季,大批珍禽来此越冬,有白鹤、白枕鹤、白头鹤、白鹳、黑鹳和小天鹅等。鄱阳湖养育了候鸟,候鸟也装点了鄱阳湖。

如果说长江成就了鄱阳湖,那么定是上天成就了圣湖纳木错。西藏人称它为腾格里湖,意为“天”,这是因为湖水湛蓝明净,如无云的蓝天。伸手轻触,涟漪泛开。山下的纳木错倒映着高大的山峰,而山巅的天池映照着广袤的天空。

被称为我国第一深水湖的长白山天池,位于长白山之巅,是由已经熄灭的火山口积水而成的。天池水终年外泄,即使在冬季封冻以后,湖水仍能以潜流形式流出,形成一泻千里的长白山瀑布。俯瞰湖区,温泉淙淙,热气腾腾。山顶之上,湖光天色,烟雾缭绕,虽不是仙境,却胜似仙境。

当然,倘若要说湖,定是不能忘了婀娜多姿的杭州西湖。春天,苏、白两堤桃柳夹岸;夏日,莲叶接天;秋夜,三潭印月;冬雪后,红梅疏影横斜。无论你何时来西湖,都可以领略到它不同寻常的风采。泛舟湖上,船在湖中行,人在画中游。

有人说,湖泊是上天的眼睛,而高山则是它的筋骨。

位于山西的五台山,由五座山峰环绕而成,五峰高耸,峰顶平坦开阔,如垒土之台,故而得名。东台望海峰、西台挂月峰、南台锦绣峰、北台叶斗峰和中台翠岩峰,形成了五台鼎立的雄伟之势。

如果你更喜欢柔美之景,可以去九华山。说它柔美,因其似乎与天离得很近,云海奇峰、云朵相环、烟雾缭绕。和山相触,未近山,先触云。而远观时,则有李白“昔在九江上,遥望九华峰,天河挂绿水,秀出九芙蓉”之感。

论神秘,九华山可比不上浙江的普陀山。普陀山坐落于舟山群岛,高耸的普陀山脚下是金色的沙滩、碧蓝的海水,海岛风景令人流连忘返。难怪李白会说:“以山而兼海之胜,当推普陀。”

四川的峨眉山气象万千,有着“一年四季,十里不同天”的妙处。独特的气候条件可以让人感受到春之灿烂、夏之激情、秋之凉爽、冬之纯洁。行走山间,灵猴成群结队、手舞足蹈,是有名的“活景观”。峨眉天下秀,它不险峻,却秀丽、古老、神气。

武当山位于湖北省,人文景观宏伟壮丽,素有“五里一庵十里宫,丹墙翠瓦望玲珑”之说。长达70公里的建筑线上,建有8宫、2观、36庵堂、72岩庙、39桥梁、12亭台等。建筑都镶嵌在峰峦岩洞和奇峰幽谷之中,布局巧妙、规模宏伟、技艺精湛。登峰远眺,美不胜收。

水,柔弱静谧,深不可测,温婉包容;山,拔地而起,直视苍穹,坚实稳固。做人应如山如水,宽容仁厚、刚毅坚卓,临危不惧、处变不惊,只有这样才能喜赏花开花落,笑看云卷云舒。

3. 刚柔动人之美

中国地大物博,著名城市数不胜数,悠久如西安,宏大如北京,羞涩如苏州,艳丽如扬州,秀丽如桂林,宜人如大连……现在我要说说南京和杭州,因为它们别有一番风味,让人说不尽又道不完。

南京东临长江三角洲,西靠皖南丘陵,南连太湖水网,北接江淮平原。说他像一位壮志豪情的男子,是因为紫金山颇有“虎踞龙盘”之势;说他像一位文质彬彬的书生,是因为钟山风景区有山的清幽、鸟的生气。

南京像是个有魅力的男子,充满了英雄气概。他既有孙中山纪念馆的威严正气,又有明故宫的严谨,还有廖仲恺何香凝合葬墓的沧桑,更有中华门的雄健,真可谓个性十足。

但想真正了解一位男子,得知道他的过去。丰富的历史为南京平添几分厚重。南京虽然地处江南,但是显赫的政治地位让他成了最具北方风格的城市,历史上先后被称为冶城、越城、金陵、秣陵、石头城、建业、建康、白下、上元、升州、江宁、集庆、应天、天京等。南京以悠久的历史、灿烂的文化、雄奇的风姿、绮丽的风光闻名于世。

要评论这位男子,人们话语绵长。诸葛亮曾赞叹道:“钟山龙蟠,石头虎踞,此乃帝王之宅也。”孙中山说:“南京有高山、有深水、有平原,此三种天工,钟毓一处,在世界中之大都市诚难觅此佳境也。”老人说南京如己,沧桑老练;中年人说南京如己,沉稳大方;青年人说南京如己,活力四射。

如此看来,南京被称为俊男一点不为过。春可游“牛首烟岚”,夏可赏“钟阜晴云”,秋可登“栖霞胜境”,冬可观“石城霁雪”。他融合了南北文化,是一个充满古典神韵的城市。

倘若把城市比作美女,我以为首数杭州。以水闻名的杭州地处长江三角洲南翼、杭州湾西端、钱塘江下游、京杭大运河南端。提起杭州西湖,相信许多人为之心驰神往:水波潋滟,游船点点,远处山色空蒙、青黛含翠,恰似白居易《江南好》中“春来江水绿如蓝”。

杭州是五代吴越国和南宋王朝两代建都地,也是我国八大古都之一。自隋开皇九年废钱塘郡,置杭州,“杭州”之名首次在历史上出现。从光绪二十一年签订《马关条约》,杭州开始作为日本通商商埠到清末轰动全省的教师风潮,再到武昌起义成功,杭州全城光复。这一路走来,杭州跌跌撞撞,但仍坚强万分。悠久的历史并没有成为杭州前进的负担,反而让她内外兼修、与众不同。

评说杭州,不知多少文人墨客都曾将她作为心中的圣地。苏东坡说“欲把西湖比西子,淡妆浓抹总相宜”;林逋赞“疏影横斜水清浅,暗香浮动月黄昏”;柳永记下“有三秋桂子,十里荷花”,就连意大利旅行家马可·波罗也赞叹她是“世界上最美丽华贵之城”。与南京的“商女不知亡国恨,隔江犹唱后庭花”不同,杭州古巷里面飘出来的是“小楼一夜听春雨,深巷明朝卖杏花”。

她真的很美,光平湖秋月、苏堤春晓、断桥残雪、雷峰夕照、南屏晚钟、曲院风荷、花港观鱼、柳浪闻莺、三潭印月、两峰插云就让你目不暇接,更显她的情意绵绵,妩媚动人。

南京与杭州,虽不华丽,但够雅致;虽不热闹非凡,但够含蓄隽永。两座城市都具备别致的景色、厚重的历史。

八、国外地理类比论证练习

1. 巴黎和伦敦的著名建筑

我们在品味异域文化的时候，首先浮现在脑海的往往是这个国家的建筑艺术。

首先我们来看一个浪漫的国家——法国。巴黎圣母院是法国的象征。这座哥特式的巨石建筑是巴黎最古老、最高大的天主教堂，其最具特色的是在所有屋顶和塔楼的顶端，都有尖顶筑造。它是世界上最具有时代意义的建筑物之一，弥漫着浓厚的宗教氛围。

埃菲尔铁塔是现代巴黎的标志。铁塔高 324 米，高耸入云。埃菲尔铁塔的塔身分为四层，前三层设平台高栏，供游人眺望巴黎全景，还有豪华饮品店、大众啤酒馆、商店、影剧院等现代设施。它是世界上第一座钢铁结构的建筑，展现着浪漫之都——巴黎的现代气息。

卢浮宫，这座举世闻名的艺术宫殿是法国的骄傲，它由原来金碧辉煌的王宫演变为现代的博物馆。卢浮宫中最富个性的是正门处有一个透明的金字塔建筑。当夜色来临时，金字塔的灯光从玻璃中折射出来，神秘而优雅，为卢浮宫增添了奇异的色彩。卢浮宫这一建筑与它的艺术收藏紧密地联系着。

凯旋门是世界最宏伟、最著名的名胜古迹之一，它坐落在巴黎市中心戴高乐广场的中央。其罗马式拱形门高大宏伟，而最引人注目的是门内壁和石柱上镌刻着法国战争史的宏大场面和当年跟随拿破仑的所有将军的名字。凯旋门下有无名烈士墓，体现了这座驰名世界的建筑对历史英雄的敬仰。

看过了法国独特的建筑艺术之后，我们再看一看英国。其实，英国的各式建筑在世界上也熠熠生辉。

圣保罗大教堂被称为世界第三高教堂。它由两座高为 150 米、宽 37. 5 米的两层十字架大楼构成，中间托起一个高达 111. 4 米的圆形屋顶，屋顶上有一个镀金的十字架。整个建筑物给人以宏伟壮丽的感觉，散发着庄严肃穆的宗教气息。

伦敦塔桥是伦敦的标志性建筑,它历经百年沧桑,吸引无数游客驻足。两岸有两座用花岗石和钢铁建成的高塔,上层支撑起两岸的塔楼,下层可供游人通过。令人称奇的是,如果有轮船驶来,只须鸣笛,一分钟内下层会往两边翘起。这在世界桥梁史上可算是一大奇迹。

伦敦的大英博物馆、纽约的大都会艺术馆、巴黎的卢浮宫被列为世界三大博物馆。大英博物馆最壮观的是正门口的两旁,各有 8 根又粗又高的罗马式圆柱,每根柱的上端是一个三角顶,上面刻着一幅巨大的浮雕,整座建筑气势宏伟。

惠灵顿凯旋门是为纪念惠灵顿公爵在滑铁卢战役中取胜而修建的。凯旋门上的雕塑高达 12.2 米,是英国最大的铜雕塑。

通过法国巴黎和英国伦敦这两座城市建筑的对比,我们不难看出,无论是充满宗教气息的建筑巴黎圣母院、圣保罗大教堂,还是充斥着现代元素的建筑埃菲尔铁塔、伦敦塔桥等,都是建筑师们在自己所属时代的创新设计,彰显了不同时代前沿的建筑理念和辉煌的艺术成就。

2. 经典留住记忆

有一位哲学家曾经说过,“世界就是一本书,不去旅行的人只读到了其中一页”。如果你想去旅游,我推荐两个国家:极具神秘色彩的印度和极富浪漫气息的法国,因为它们都拥有悠久的历史文化和鲜明的民族特色。

“印度”在梵文中的意思是月亮。有人说,来到印度就像到了五个不同的国家,东南西北中,各有风土民情。位于新德里以南 200 公里处的“爱情丰碑”——泰姬陵,浓缩了印度古文化。西方历史学家在谈及这个由 22000 个工匠耗时 22 年之久才得以完成的杰作时,无不惊叹它在建筑学上独特的美。泰姬陵通体用雪白的大理石砌成,在早、中、晚不同时间去看泰姬陵,总能有不一样的感受。朝霞升起时,泰姬陵自香梦沉酣中苏醒,静谧安详;中午时分,泰姬陵头顶蓝天白云,脚踏碧水绿树,在耀眼的阳光映衬下,显得光彩夺目;傍晚是泰姬陵最妩媚的时刻,夕阳西下,白色的泰姬陵从灰黄、金黄逐渐变成粉红、暗红、淡青,随着月亮的冉冉升起,最终回归银白色。在月光的轻拂下,即将安寝的泰姬陵清雅脱俗,美得仿佛下凡的仙女。泰戈尔说,泰姬陵是“永恒面颊上的一滴眼泪”。作为一座爱情丰碑,泰姬陵被公认为世界上最优雅、最富浪漫气息的建筑之一。

除了美丽的建筑,印度的人文景观也与其风景一样绚丽迷人。很多游客会被一项发源于印度宗教的运动所吸引,这便是——瑜伽。“瑜伽”一词的原意是驾驭牛马,后引申为达到最高目的进行实践或修炼。瑜伽有悠久的历史,它有助于人们消除紧张,恢复精力。如今,它不再是少数隐居人士的秘密,已在全世界广泛传播。

沙丽,是印度最具特色的女性民族服装。它不仅美丽,还具体多种功能。一段简简单单的彩绸,不缝不缀,在身上盘来绕去,竟能变幻出万般花样。在我看来,沙丽的迷人之处在于,它既能帮你掩饰缺憾,又能助你凸显优点。沙丽有多种质地,丝绸的、纯棉的,还有类似尼龙或化纤面料的。印度妇女往往备有数十套沙丽用于不同场合:新娘子选用大红或明黄等艳丽的颜色,上面配以金线绣花,以显富贵华丽;出席晚宴、庆典等社交活动穿着质地高档、手工绣花并配有花边的,以表现高贵典雅。沙丽能够体现印度女性的贫富等级,属于她们一生中很大的一笔财产。

印度女人身上是印度香熏味。从古至今,印度女人都同“香”字结伴而行,出的是“香汗”,托的是“香腮”,住的是“香闺”……香薰,你可以将它看作一种时尚,也可以看作一种休闲方式。在弥漫着海洋、森林、花朵、果实等气息的空气中,人们伴着音乐,让肌肤与植物的液体黄金互相交融,达到调节肌肤酸碱度、补充肌肤营养的目的。

印度是极具神秘色彩的,法国也独具浪漫气息。

首先是法国的巴黎圣母院,它是法国标志性建筑之一。独特的哥特式建筑风格加上浪漫的爱情故事,给它增添了特有的魅力。巴黎圣母院坐落于巴黎市中心塞纳河中的西岱岛上,始建于 1163 年,整座教堂的建设历时 180 多年。巴黎圣母院是一座石头建筑,在世界建筑史上,被誉为一部由巨大的石头组成的交响乐。它的正外立面风格独特,结构严谨,雄伟庄严。它被壁柱纵向分隔为三大块,三条装饰带又将它横向划分为三部分,其中,最下面有三个内凹的门洞。门洞上方是所谓的“国王廊”,上面有代表着以色列和犹太国历代国王的28尊雕塑。虽然这是一幢宗教建筑,但它闪烁着法国人民的智慧,反映了人们对美好生活的追求与向往。

“生命在于运动。”法国人除了喜欢罗曼蒂克之外,也喜欢富有挑战性的极限运动。水上摩托和冲浪运动,让他们充分体验在蓝天碧水间风驰电掣、搏击海浪的潇洒;激流皮划艇和水上漂流,让他们享受一泻千里、惊涛骇浪的刺激。如果仔细一点观察,您会发现在法国的一些影片中,极限运动是经常出现的。

法国女人在穿着打扮上很有韵味。在法国,最具代表性的服装品牌便是香奈尔,它不仅受到法国女人的喜爱,也受到世界各国女人的追捧。香奈尔品牌于1913年在法国巴黎创立,其时装高雅、简洁、精美,善于突破传统,早在20世纪40年代就成功地将“五花大绑”的女装做得简单、舒适,线条优美,面料考究,受到爱美女士的欢迎。

法国香水举世闻名,它和时装、葡萄酒并列为法国三大精品产业。法国香水均使用天然原料,如花、水果、球类植物等。无论是香水使用的材料还是精雕细琢的香水瓶,都显示着法国人的卓越才华和高雅品位。香水,从某种程度上讲,成为法国的代名词。

不论是绚丽多姿的印度,还是浪漫温情的法国,都以它们独有的特色吸引着人们前往。

第八单元　心理动作性与语言动作性

第一部分　理论概要

主持人对生活中的事物有所发现和感悟,然后通过语言传播给受众。主持人的语言必须有积极明确的动作性——内心要有传播思想感情的强烈愿望,只有这样,语言背后才有动力,才能更好地传播内容,提高传播的有效性。

动作也叫行动、行为,它由意志出发(强烈的愿望),并具有明确的目的性。如思考、判断、要求、揭露、抗议、解释、概括、弥补、痛斥、安慰、引导、分析、表达、动员、号召、说服、说明等都是动作,都是以心理动作为依据,通过积极的语言动作来实现的。

在现实生活中,人的心理动作是具有重大意义的。任何外部动作,都先由心理动作开始。人们采取行动前判明情况,产生态度,作出决定,然后开始行动。行动由语言动作和行为动作共同完成。但有些主持人常常丢掉心理动作,不知对谁说,为什么说,更不能在交流中、感受中、思考中说,因此失去了语言的意义和语言的生命力。

心理动作越积极,语言动作越积极;语言动作越积极,越能引发受众意识中的某种改变,达到传播目的。

观察力、记忆力、想象力、思维力、实践力是智力结构的基本组成要素。

观察力是摘取信息的窗口;记忆力是经验的储存;想象力是智慧的翅膀;思维力是智慧的核心;实践力是智慧转化成物质力量的凭借;语言是所有智能要素的表达。所以,语言表达是智能的一种表现,是自身修养和知识的结晶,是思维深入化、周密化的结果。

作为主持人,要进行积极有效的传播。而积极有效的传播的依据就是积极的心理动作。

第二部分　教学内容及同步练习

一、绘画接语练习

用绘画作品做即兴接语练习。

二、历史接语练习

用历史事实做即兴接语练习。

三、国内地理接语练习

用国内地理做即兴接语练习。

四、国外地理接语练习

用国外地理做即兴接语练习。

五、综合接语练习

用国内外绘画、地理、历史、现实问题做即兴混合接语练习。

六、即兴救场练习

训练主持人在工作中对各种意外情况进行弥补。

第三部分　教学目的与要求

本单元主要培养学生积极的传播意识、强烈的传播愿望。

做练习时，要引导学生明确为什么说？对谁说？怎样说？通过传播的内容让人领悟到什么？另外，这个练习也是训练学生对知识活学活用的能力。

(1)先请四位同学做接语练习。接语练习必须承上启下。承上就是对上面同学所说的内容进行概括；启下就是经过转换，把新的内容说出来。概括要准确，转换要合理、自然。

(2)认真倾听他人的表达，自己陈述的内容要有新意，有与上一位同学完全不同的新内容。

(3)轮到的同学必须接着说下去，不能断。反复轮流做，老师示意才能停止。

(4)当几种练习做好后，再做混合接语练习，由四位同学做练习改成两位同学做练习。

第四部分　学生作业例稿

一、绘画接语练习

(1)在照相机出现之前，人们往往用绘画记录生活。因此，我们可以通过绘画了解当时人们的生活状况。如勃吕盖尔的绘画《农民的婚礼》，画面色调沉闷，画面中的人们衣着简单、质朴，脸上几乎没有什么笑容，他们要么窃窃私语,要么专心地进食。从这一切我们可以看出:当时社会的动荡不安,尼德兰的捣毁圣像运动让生活在底层的人民苦不堪言,人们心中有种难以抑制的恐慌。由于生活物资匮乏,人们只有利用别人家的婚宴来填饱饿了很久的肚子。艺术家用画笔真实地记录了这场特殊的婚礼。

(2)接:《农民的婚礼》让我们看到了艺术家对现实生活的反映,还表现了画家的内心世界。说到以绘画表现内心世界的画家,不得不提到梵高。梵高是一位充满悲情色彩的人物,他有严重的自闭症,一生没有真正卖出过一幅绘画。没有人理解他,在旁人眼里,他就是一个冷漠的疯子。《向日葵》是他的代表作,画里用大面积的金色象征生命的活力,如火焰一般的花朵翻卷向上,展示了一种不畏现实的勇气。狭小的花盆表现了他对生活压力的无奈,同时也告诉世人:无论生活的土壤多么贫瘠,我都会在这贫瘠的土地上开出绚丽的花朵。他很少与他人交流,但通过绘画把他的思想永远地留给了后人。

(3)接:每一个时代的画家,似乎都是一个时代的先行者,他们总是走在潮流的前端。20世纪的画家更是如此,波普艺术就是一种显著的流行文化。如在那幅著名的《玛丽莲·梦露》中,梦露的头像被不断地复制,每幅头像的色彩深浅不同。到最后,观者会发现,梦露最初的容颜已经不在了。这就是如同生产车间一样的现代造星运动,预示着人被包装改造一夜成名,却迷失了自我。

(4)接:……

(5)接:……

二、历史接语练习

(1)人们总喜欢给历史人物主观地加上自己的喜好,于是历史里的人物便有了忠奸善恶。但其实,有些与实际有很大的出入。比如三国时的曹操,人们总认为他是奸诈小人,可实际上曹操在当时是最具一统天下能力的人。首先曹操重视人才,而且唯才是举。在他的智囊团里,有大量的人才是从敌对阵营里投靠过来的,张绣、贾诩便是最好的例子。其次,曹操懂得在关键时刻审时度势。当所有人都不把汉天子放在眼里时，是他把穷困潦倒的汉天子接到济县，按照汉家宫廷礼仪接待，华服锦衣地照料，让汉天子感动不已。所以曹操可以打出“奉天子以令不臣”的好牌，为自己在政治上赚够了资本，在军事上师出有名。最后，他治军严明，成功统一了北方。他才华横溢，在工作繁忙的间隙写下了不少波澜壮阔的诗篇。我认为，这样一位文武兼备、雄才大略的军事家、政治家是英雄，“奸雄”二字实有不公。

(2)接：自古忠奸势不两立。历史的规律告诉我们，只有对国家民族的大忠大义才能换回后世子孙无尽的歌颂。“大漠孤烟直，长河落日圆。”在这人迹罕至的地方走来了一个孤独瘦弱的躯体，他就是西汉时期的张骞。在接受了汉武帝寻访西域之路的使命后，他毅然冒着有去无回的种种风险，坚定地走出了长安。在途中，他多次被匈奴兵抓捕，其中还有10年时间被囚禁在匈奴当马奴。然而，他从来没有忘记自己的使命，没有忘记自己的祖国。他最终找到了通往西域的道路，历经千辛万苦回到长安，为后世子孙留下了满载着财富与文明的丝绸之路。

(3)接：凡是传播文化的使者都会给蛮荒带去文明、给落后带去希望，这样的人自然会成为人们世世代代传颂的对象。而在古时候扮演这样角色的除了大使，还有一群特殊的女子，那就是肩负和亲使命的公主。唐朝的文成公主就是其中的一位代表人物。她从繁华的长安，远嫁西藏。她给西藏人民带去了汉族先进的农耕技术，带去了汉族的书籍与文化，带去了大量的手工匠人和艺人，让华夏文明润泽雪域高原。直到今天，她的塑像还立在布达拉宫，可见她在藏族人民心中崇高的地位。

(4)接：唐朝的文成公主以柔弱的身躯、广博的胸怀传播了华夏文化，包容了异族的同胞，所以才能让藏族同胞将她世代供奉。由此我们可以得出这样的结论：只有以博大的胸怀包容其他民族，才能真正赢得天下归心。比如清朝的康熙皇帝，由于满族入关后有大部分八旗子弟仍然保持着对汉族的抵触情绪，康熙皇帝就率先学习汉族文化，重用汉族官吏，迎娶汉族女子，并且尊重汉族的习俗。有了康熙皇帝对汉民族的肯定与包容，才有了后来的满汉一家亲。

(5)接:……

(6)接:……

三、国内地理接语练习

(1)站在中国的地图前,我总会被这如画的锦绣河山所征服。正是如此宽广的土地、如此多变的地形地貌才孕育出这灿烂的文化,才形成了这么多风格迥异的城市。首先来说说我们的首都北京。北京是中国政治、文化的中心,是中国城市里当之无愧的王者。它在历史上就数次被封建帝王当作首都。直到今天,中国最完整的宫廷建筑依然在北京,以金碧辉煌、不容侵犯的雄姿接受世人的仰望。如果说布局严谨的故宫体现了中国皇家建筑的古典之美,那么市井里的小胡同、大宅门则体现了老北京的风俗民情。那充满了京腔京韵的小贩吆喝,那香气扑鼻的大碗茶、酸豆汁儿,伴随着大爷大妈的闲聊,形成了一幅生动的生活画卷。而这一切并不影响北京现代化的脚步:中关村的电子行业,大学城的科技融合,西单、王府井的商业繁荣……北京以独有的大气包容着贵族气与平民情,成为历史文化与现代经济交相辉映的城市。

(2)接:北京是北方的代表城市,而南方城市又别有一番风味,比如东方夜巴黎——上海。上海在东西方文化交融下形成了鲜明的"海式"风格。走在黄浦江边,万国建筑群有着华丽的欧式风格,让人恍若走在欧洲的街头。黄浦江对面就是时尚现代的浦东新区,东方明珠的璀璨与江上航船的灯火交相辉映,让你感受到上海的"洋气"与现代。而这一切并不会影响上海弄堂里古老的街景。当浓荫华盖的梧桐小道弥漫着上海小笼包的香味,精致的咖啡厅飘出老唱片悠扬的歌声,你会发现"旧上海的味道"很纯、很地道,它并没有因为两种文化的冲击而改变原有的风韵。这就是上海,宜中宜洋,宜古宜今。

(3)接:上海,受西方文化深远的影响,一直走在中国的时代前沿,如同加了黄油、奶酪的中西式自助餐。而当你吃腻了这丰盛的自助餐,不妨品一品中国写满了青山绿水的一抹茶香——桂林。桂林有着独特的山水相融的景色。泛舟漓江，在那如镜的江水之上，一座座奇异的山峰从水中耸然而立，真正不虚“山在水中”之名。这里的山姿态各异、形象生动，有的像少女，有的像老者，有的似孔雀，有的如大象，每一处都有一种浑然天成的灵性。桂林四季树木常青，如果加上绵绵细雨的滋润，活脱脱一幅秀丽的山水画卷，走在其间，真有“人在画中游”之感。这种自然的灵秀与清雅，只有身在桂林才能体会。

这就是中国的山山水水，每一处都有独特风韵，让这一座座鲜活、生动的城市在人们的脑海中留下难以磨灭的印象。

(4)接：……

(5)接：……

四、国外地理接语练习

(1)俗话说：“条条大路通罗马。”罗马是一个让人追逐、向往的神秘之地。我怀着虔诚之心拜访它，归来时却满脸的疑惑。罗马竞技场里充满着血腥与屠杀，可容55000人的竞技场曾经那么沸腾，披着紫袍、戴着花冠的贵族们用低贱的钱物蹂躏着生命的尊严。在那个没有战争的年代，他们制造了战争；在那个没有死亡的年代，他们制造了死亡。可当你来到许愿池时，你又会觉得罗马人是如此温和、善良。他们背对许愿池，右手持币往左肩方向丢入池中，然后静静地许愿。他们的虔诚让我怀疑竞技场的存在，即使如今竞技场已废墟一片，它依然是历史的见证，远远地观望着许愿池旁的人们。

(2)接：如果说罗马是一座让你想起厮杀的城市，那么请来维也纳吧。因为在这里，你只会想到一个词，那就是“音乐”。维也纳是座温情脉脉的城市，具有把色彩和情调、甘美和快活巧妙地融合在一起的性格。漫无边际地走在维也纳的街头巷尾，即使不懂当地的语言，你仍然可以凭借自己的理解和想象，欣赏艺人的表演。你会从那一座座富丽堂皇的古建筑、一尊尊栩栩如生的雕像中体会到维也纳特有的艺术内涵。这里的空气、树梢、房檐、街道都挂满了音符，述说着一段段动人的音乐故事。所以，如果你想寻觅音乐的至高境界,就来维也纳吧;如果你想体验艺术大师的维也纳情结,这里正是你要寻找的地方。

(3)接:音乐是精神的艺术,陶冶情操,净化灵魂。如果听觉的感悟再加上视觉艺术的冲击,岂不是更令人流连忘返。让我们一起去印度看一下穿在妇女身上的艺术。已经遍及全球的牛仔T恤,却尚未占据印度的大街小巷,几个世纪以来,印度妇女总是骄傲地身着传统服装——纱丽,她们将7米长的布匹披在身上,充满了女性魅力。在纱丽的纺织过程中,男女分工不同,纺织前的丝线需先经过加工,女人们安静地在作坊一角完成手工捻线;而男人们则走到大街上,摊开整理数十米的丝线,或在河边展开布料,进行最后一道工序——晒干。这些美丽的纱丽将进入市中心的商店,或者出口到世界各地。

(4)接:印度的纱丽是迷人的,制造纱丽的人是勤劳的,生活在印度是幸福的。"二战"中的夏威夷,不知有多少人都渴望这样的幸福啊!在夏威夷纪念馆,工作人员身着白色军装向着大海敬礼。在这里,有无数的人为死去的战士流泪。历史已经过去,但留给人们更多的是思考和警示。

(5)……

(6)……

第九单元　语言组织与语言表达

第一部分　理论概要

客观事物的一切运动变化,包括社会、自然、人与动物的行为活动都在提供信息。社会发展速度越快,信息量则越大。在纷繁复杂的信息中,我们应对这些信息进行筛选,提高语言组织能力,及时为人们传播各种最新信息。

信息,指音讯、消息,是通信系统传输和处理的对象,泛指人类社会传播的一切内容。人通过获得、识别自然界和社会的不同信息来区别不同事物,以此认识和改造世界。主持人应具有辨别、处理、整合、输出各种信息的能力。另外,主持人还要善于在旧闻中发现不确定的因素和不平常的事物,敢于推翻固有的观念。事实上,那些熟悉的事物仍可能存在很多未知,包括我们未曾注意的变化。所以,我们要善于发现生活中的新事物,在熟悉的生活中发现不熟悉的内容,从人们司空见惯的表面现象,挖掘其隐藏在深处的信息。

一个问题的不确定性,是由它可供选择答案的数量决定的。答案数量越多,不确定性就越大。信息数量越多,新闻价值也越高。主持人要善于在不确定因素中,把握事物发展的规律,发现有价值的信息。

在组织内容时,要考虑其价值,明确其意义,论据要充分、论证要合理,在传播方式和方法上要注意艺术性。在组织语言时,不仅要有引人入胜的开头,还要有条理清晰的层次和精彩的结尾。另外,安排内容要主次分明,不要出现“面面俱到却面面不到”的情形。在语言组织上要注意以下几点。

一、妙起开头

开头最重要的是切入点的选择。切入点可以选择传播对象的关注点、兴趣点或共鸣点。如何切入,有四种方法:

(1)开门见山,揭示主题;

(2)触景生情,借题发挥;

(3)议论导入,激发思考;

(4)新闻由头,以小见大。

二、把握层次

层次的把握要注意以下几点:

(1)适时小结,理清思路;

(2)引用资料,转折推进;

(3)提示对立,加温催化;

(4)画龙点睛,提纲挈领;

(5)巧用重复,突出重点。

重复包括强调性重复、归纳性重复、变形性重复。重复的目的在于变纷繁为简约、变铺展为浓缩、变严肃为轻松、变庄重为调侃、变书面语为口语。

三、巧妙结尾

可用以下方法结尾:

(1)首尾圆合,结尾和开头相呼应,同时结尾要有明确的结论,并提炼升华主题,也可以加上寄语、祝愿或警示、激励;

(2)补充结尾,用感人事例或材料进行补充,让结论更鲜明、生动、感人;

(3)创造意境,使话题意蕴隽永,回味无穷,诱发思考;

(4)安民告示,做进一步沟通,预报以后节目,引人参与。

四、突出重点

表达的重点要突出、鲜明。面对同一事实,每个人关注点不同,选择的表达重点也不同。不同的表达重点,也会体现主持人的独特个性。

五、明晰线索

主要事件、主要矛盾冲突、主要人物面貌要表达清楚。要弄清楚何事、何人、何地、何时、何因、何果,这些问题清楚了,线索就理清了。语言表达应围绕主线进行,心中要有主要线索的发展方向和结果。

语言组织能力依赖于思维。因此,对主持人来说,语言组织能力和语言表达能力都是至关重要的,缺一不可。

第二部分　教学内容及同步练习

一、讲解绘画

讲解古斯塔夫·莫罗作品《俄狄浦斯与斯芬克斯》(见图24),奥迪隆·雷东作品《独眼巨人》(见图25),爱德华·蒙克作品《呐喊》(又名《呼号》,见图26),亨利·马蒂斯作品《红色的和谐》(见图27)、《舞蹈》(见图28)。

二、练习

(1)每位同学做四种开头练习(可借助绘画、历史、地理)。

(2)每位同学做四种结尾练习(可借助绘画、历史、地理)。

(3)请多位同学做层次把握练习(可借助绘画、历史、地理)。

第三部分　教学目的与要求

培养学生的语言组织能力,要求语言表达清晰、准确;做到中心明确、层次分明、主线清楚、结尾圆满。

要求学生能够透过司空见惯的表象,看清事物的本质。

要求学生能够多层次、多角度地认识事物,培养思维的个性化和语言表达的个性化。

引导学生自如地运用不同的思维方式(形象思维、逆向思维、发散思维等)组织语言,并注意语言表达的独特性和艺术性。

第四部分　学生作业例稿

一、同一题材的四种开头

1. 开门见山,揭示主题

各位观众,大家好!欢迎收看《名画赏析》。今天,我将为大家介绍世界著名绘画大师彼得·保罗·鲁本斯的传世名画《劫夺留西帕斯的女儿》……

2. 触景生情,借题发挥

各位观众,大家好!欢迎收看《名画赏析》。昨天,我参加了一位好朋友的婚礼,看着新郎、新娘充满幸福的微笑,我对爱情也产生了一种憧憬。其实,每个人都想通过自己的努力得到真正的爱情。今天,我就为大家介绍一幅表达爱情主题的名画《劫夺留西帕斯的女儿》……

3. 议论导入,激发思考

各位观众,大家好!欢迎收看《名画赏析》。每个人对爱情都有自己的看法。有人认为爱情是含蓄的、朦胧的,应该静静地等待爱情的到来;而有人认为爱情应该靠自己去争取,爱要敢说敢做。那么,今天我就为大家介绍一幅表现对爱情敢说敢做的传世名画——彼得·保罗·鲁本斯的《劫夺留西帕斯的女儿》……

4. 新闻由头,以小见大

各位观众,大家好! 欢迎收看《名画赏析》。最近,有这样一篇报道,我个人觉得非常有意思。这则报道是说目前我国的男女比例已经严重失调,看来,以后的男同胞们,真应该学一下"抢婚"了。今天,就让我们一起欣赏彼得·保罗·鲁本斯根据"抢婚"这一主题创作的传世名作《劫夺留西帕斯的女儿》……

二、不同题材的四种开头

1. 开门见山,揭示主题

欢迎大家收看今天的《焦点》。在本期节目中,我们继续关注农民工春节工资的发放问题,看看新的政策出台后,他们的工资发放情况是否有所改变……

2. 触景生情,借题发挥

如果谈到最初对家庭的印象,很多人会在脑海中浮现这样一幅画面:左手拉着爸爸的手,右手拉着妈妈的手,走在路上,充满了简单的快乐。可是,有一些家庭却只能用一个冰冷的词语——"支离破碎"来形容。那么,是什么让他们有这种感觉呢? 今天就让我们一起走进这些人的内心世界,了解一下他们的生活……

3. 议论导入,激发思考

如果谈到"考试",可能不同的人会有不同的看法。有人认为,在大力推行素质教育的今天,考试早就应该取消了;也有人认为,考试不能取消,今天的考试已不是过去应试教育的那种考试了,而是素质教育的一种考核标准。今天,我们请来了老师、家长、学生以及教育界的人士,一起来探讨关于考试的话题……

4. 新闻由头,以小见大

各位观众,大家好!欢迎收看本期《中国企业》。最近,有一条新闻让国人十分振奋,是说海尔集团的电器产品已经成功地打开了包括美国在内的国外市场。特别是海尔集团的电冰箱,在美国市场的份额已经遥遥领先于其他国外品牌。有人笑称,每7个美国家庭就有1台海尔冰箱。一个中国品牌为何能在国外竞争异常激烈的环境下取得如此骄人的成绩呢?今天,我们请来了市场分析界的有关人士,从这个问题入手来谈谈中国企业的发展……

三、同一题材的四种结尾

1. 首尾呼应

以上就是本期节目的全部内容。相信在节目开始时关于"爱情"的疑问,每个朋友心中已经有了自己的答案。祝每位朋友都能拥有属于自己的那份美好感情!咱们下期《名画赏析》再见。

2. 补充结尾

朋友们,今天我们一起欣赏了世界名画《劫夺留西帕斯的女儿》,鉴赏了巴洛克风格的繁复。其实巴洛克风格的代表画作还有很多,比如委拉斯凯兹的《纺织女》、凡·代克的《保利纳·阿尔多诺像》,它们都是繁复、浮华风格的代表。以上就是本期的《名画赏析》,咱们下期再见。

3. 创造意境

《劫夺留西帕斯的女儿》中的巴洛克风格是繁复的、运动的,更是属于那个时代的。就像其命名的由来"不规则的珍珠"一样,并非完美无瑕,但一定独一无二。相信"巴洛克"这颗珍珠,在世界艺术的殿堂里,永远闪耀着自己的光芒。感谢收看《名画赏析》,咱们下期节目再见。

4. 总结提示

朋友们,以上就是本期节目对世界名画《劫夺留西帕斯的女儿》的解读。如果您有什么看法想跟我们沟通,请关注屏幕左下角的二维码,参与节目的互动。在下期节目中，我们将关注“洛可可艺术”——这个浪漫的代名词。感谢收看本期《名画赏析》，咱们下期再见。

四、不同题材的四种结尾

1. 首尾呼应

通过今天的课程讲解，相信同学们对“思维的概念”已有了更加清晰的了解，也明白了课程导入中“思维、思想、思考”三者之间的区别。希望大家在今后的课程学习中，能有更多的学习收获。同学们，下课！

2. 补充结尾

在今天会议结束之前，我再补充一句，请大家一定记住咱们公司的理念——时间就是效率，请大家全力以赴做好本次活动，散会。

3. 创造意境

这就是我对今天演讲比赛主题“消防在我心中”的认识。我希望以后咱们的校园是安全的、和谐的，每一处角落都是让人放心的！希望我们把消防安全放心中，把健康安全带身上。

4. 总结提示

今天有点儿晚了，就先聊到这里了。下次咱们见面一定再好好聊聊，多叫上几个老同学一起叙叙旧。今天真的很开心，老同学，咱们一定保持联系。回见！

注：不同题材的四种结尾的方法，可以应用在不同节目中，也可应用于不同的规定情境的表达中。

第十单元　理性深化与语言表达

第一部分　理论概要

当我们接触生活中的事物时,首先看到它们的外在形象。理性深化就是要求我们深入表面形象,产生深层次思考,并凝练出一种观念和理论,既有对该事物本质的思考,又有对实践的指导意义。

每个人的认识水平不同,面对同一事物,理性思考的结果也就不同。我们必须提高自己的认识水平、加强理性思考的能力。理性思考应注意以下几点。

一、政策观念

正确理解党的路线、方针、政策。只有对党的路线、方针、政策理解正确,才能正确地衡量事物。对新政策要有敏感度,以便更好地抓住时机,让自己的理性思考更具前瞻性。

二、群众观念

要了解群众的需求,选择适合的方式进行传播,让群众易于接受、乐于接受。

三、信息观念

要传播社会发展最前沿的信息，善于发现新信息，促进大众认知的进步。

四、知识观念

要广泛吸纳知识。知识越丰富，思维空间越宽阔，评述能力越强。要将多种知识融会贯通，以深化自己的理性思考。

五、法制观念

法律是人们行为的最高准则，一定要知法守法。

六、思政观念

思维课程的教学内容涵盖国内外艺术、历史、地理、人文以及社会热点等。课程思政是将思政元素有机植入教学内容，通过正确引导，帮助学生养成健康的人生观、价值观、世界观，从艺术中得到美的熏陶，达到启智润心的效果；通过对历史客观的分析评价，让学生明辨善恶、学会思辨；通过东方与西方文化的对比学习，让学生真正树立起民族自信、文化自信。正确看待世界、理解世界，弘扬社会主义核心价值观，是思维课课程思政的核心。

节目主持人面对所要评述的事物，要做到“我思、我想、我问、我答”。只有真实的思、想、问、答，才能产生具有个性的理性认识和结论。

第二部分　教学内容及同步练习

一、绘画理性深化练习

讲解巴勃罗·毕加索作品《亚威农少女》（见图 29）、《哭泣的女人》（见

图30)、《格尔尼卡》(见图31),贾科莫·巴拉作品《散步·链子上的狗》(见图32),萨尔瓦多·达利作品《内战的预感》(见图33),安迪·沃霍尔作品《玛丽莲·梦露》(见图34)。学生观看绘画,进行理性思考和有逻辑的表达。

二、故事理性深化练习

将学生分成几个小组,每个小组讲一个故事。之后,小组的每位成员分别说出自己的理性思考。

三、文学作品理性深化练习

每个小组做一首诗的分析、一本书的介绍、一部影片的复述,并说明理性认识。

四、城市理性深化练习

每个小组选择一个城市,每位成员说出自己对这个城市的理性思考。

第三部分　教学目的与要求

肯定学生具有个性化的独到见解,提倡逆向思维和不同角度的思维;帮助学生扩展思维空间,灵活运用不同思维方式。

挖掘平凡中的闪光点,通过具有个性的理性深化,引起学生的思索。语言表达力求规范严谨。

第四部分　学生作业例稿

一、绘画理性深化练习

关于巴勃罗·毕加索作品《亚威农少女》的理性深化。

(1)……出卖了肉体,灵魂仍然纯净。她的内心必然是痛苦的,我们不应谩骂、指责她,而应同情她,谴责社会制度……

(2)……肉体肮脏,灵魂纯净,她仍然是美丽的……

(3)……贫穷不应贫贱……

(4)……贫富不均的生活,使人格扭曲、变形……

(5)……看到同类的变异,令人发指;看到变异的过程,更令人胆战心惊……

(6)……内心的自我惩罚,比任何外在形式的惩罚更深重、更痛苦……

(7)……没见过的东西不要急于去否定它,存在即合理……

(8)……当时人们觉得怪异的东西,后来却引领了整个20世纪的绘画潮流。因此,它是先驱……

(9)……探索需要勇气……

(10)……罪恶会使人内心的阴影永不散去,一生都要背负黑色的十字架,千万不要突破底线……

(11)……痛苦会使人麻木……

(12)……看到美丽破碎的过程,会有一种钻心的疼痛。对黑暗就要揭露,对假、恶、丑就要鞭打……

二、故事理性深化练习

1. 故事梗概

三十多年前,一个偏僻贫穷的山村里,来了一位刚毕业的大学生。他在这里做小学教师,从此这里有了琅琅的读书声,村民们对大学生赞不绝口。一天,一个女人不慎失足落入河中。大学生看到后,立即跳入河里,将她拖到岸边。当他嘴对嘴为这个女人做人工呼吸时,村民们大惊失色,他们认为这是伤风败俗。于是,村民们议论纷纷,并躲藏起来,时刻窥视着救人的大学生和被救的女人。当女人为了感谢救命恩人,给大学生送食物时,更是引起了轩然大波。

2. 理性深化

(1)……人言可畏……

(2)……仅靠一个人的力量,来改变一个庞大群体的固有观念,几乎是不可能的……

(3)……要想坚持自己的原则,必须做好承受一切的准备……

(4)……要学会坚持,学会忍耐……

(5)……恒心和毅力说来容易,真正做到却很难,关键是行动……

(6)……一个地区观念更新,需要一种巨大的冲击力……

(7)……改变贫困落后地区的面貌,应该是思想传播先行,然后是具体行动……

(8)……几千年遗留下来的陈旧观念,要想改变,并非一朝一夕,有时需要几代人的努力……

三、文学作品理性深化练习

巴金《家》

巴金先生的作品《家》驰名中外,当年不少青年读了这部作品后奔赴延安,参加革命。后来一代代戏剧家将《家》改编成舞台剧。每一位导演对《家》的改编是不一样的,有的导演以"打倒封建主义"为主题,以揭露"高老太爷""冯乐山"的残忍和虚伪为主线;有的导演以"反抗封建统治"为主题,以三少爷"觉慧"为主线;有的导演强调悲剧性,以"鸣凤""婉儿""瑞珏"的悲剧命运为主线,让观众为年轻的生命在人生美丽的季节逝去而惋惜。因此理性深化不同,侧重就不同。

四、城市理性深化练习

1. 巴黎

(1)……不是因为浪漫而让这里的人学会了怎么去表达爱,而是人表达爱的方式使这里充满了浪漫……

(2)……在这里,国王和乞丐享有的浪漫的权利是一样的……

(3)……杯中弥漫的温情,飘散在空气中……

(4)……浪漫的发祥地、爱情的培育场……

(5)……百年智慧酿造杯中芬芳……

(6)……浪漫点缀着平凡的生活,平凡的生活中展现着迷人的浪漫……

(7)……品味生活、品味气息、品味人生……

(8)……让生活成为一种享受,让生活成为一种追求……

(9)……杯中只有醉人的艺术,杯中只有陶醉的芬芳……

2. 维也纳

(1)……欧洲古典音乐的摇篮,一座用音乐装点起来的城市……

(2)……维也纳的海风永不失约……

(3)……如果说奥地利是“欧洲的心脏”,那么维也纳则是“心脏的心脏”……

第十一单元　媒体融合与语言表达

第一部分　理论概要

创新是一个民族进步的灵魂,是一个国家兴旺发达的不懈动力。无论在自然界里,还是在人类社会中,想要保持生存状态就得不断地创新。传媒行业的思维创新最核心的就是——融合,这种融合是形式上的,更是思想上的。

一、节目之间的融合

不断地成型、打破、重塑,再打破、再成型,是所有节目必经的一个过程。没有永远的收视冠军,只有不断推陈出新的节目。无论是传统的新闻节目,还是流行一时的综艺节目,都在这个过程中往复轮回。节目创新的方法多种多样,但从本质上来讲,都可以概括为“分解过去已有的,综合形成最新的”,节目与节目之间既有竞争关系,也有承袭关系。

借鉴“元素”概念,我们将每个节目看成一个整体,其组成部分便是一个个元素。这些节目元素有序、有机地融合,就有了不断创新的节目形式。

二、平台之间的融合

面对新媒体的冲击，传统媒体不断地求新、求异，以争取在新的环境下赢得更多的生机。广播电视节目从“蓬勃发展的阶段”过渡到“突出重围的阶段”。传统媒体“一统天下”的黄金时代早已不复存在，新媒体已经大量占据传统媒体的市场空间。部分报刊积极向新媒体转型，通过内容创新、互助融合等方式，为自身发展求得一线生机。

传统媒体与新媒体的融合是媒体发展的趋势。从技术、内容和商业模式三个角度来看，传统媒体与新媒体的融合能够更好地满足用户需求，推动媒体行业的发展。在这个过程中，传统媒体可以通过借助新媒体的技术和内容形式来提升自己的竞争力，而新媒体则可以通过与传统媒体的合作来获得更多的内容资源。只有融合发展，传统媒体与新媒体才能共同进步，共同适应信息时代的发展。

三、节目与产品之间的融合

电视节目的本质是商品，是供受众从节目菜单中挑选的精神食粮。不过这个“商品”在过去的属性较为单一，衍生出的产品较少，受众体验感趋同。多年前购物节目兴起的时候，没有人想到结合了网络直播等元素的它，会成为现在年轻人购物方式的热门选择；十年前网络购物平台出现的时候，没有人想到结合了艺术表达元素的它，会形成购物节这样的民生大事。这是节目与产品之间的相互渗透、相互融合，节目的衍生品不只是实物，还有相关事件和受众习惯。艺术、体育、经济等相关行业的深度参与，使它们不再只是传媒行业的表达内容，而是这个行业的合作者，甚至是一个合作项目的发起者、领导者。传媒行业不再只是输出信息的平台，而是可以生产商品的产业。

第二部分 教学内容及同步练习

本单元按照以上三个层面的分析与当下对传媒行业从业者的要求,进行教学内容与训练的设计。训练主要有以下两个方面。

一、艺术与产品之间的融合与衍生:生活中的艺术

(1)教师先听学生对生活中艺术元素的认识(哪些产品中含有艺术元素)。

(2)教师与学生探讨、分享自己的一个成型的产品构想。

(3)教师根据本次训练回课要求做示范:生活中艺术元素的具体存在(描述带有艺术元素的物品,阐述带有艺术元素构思的图片)以及延伸设计的产品构想(产品名称、产品受众、产品价位、产品中艺术元素的植入、产品周边)。

二、节目与平台之间的融合创新:泛媒体设计

(1)教师先与学生探讨节目“元素说”的相关内容,总结目前流行的节目元素。

(2)根据总结出的节目创新方式,尝试在传统媒体、公众号、网络视频平台、网络直播平台、演出平台做一个节目创新构想。

(3)教师根据本次训练回课要求做示范,鼓励学生认识生活、改变生活、创造生活。

第三部分 教学目的与要求

本单元重点是训练学生综合运用各种思维能力,难点在于学生如何将

自己的思考转化为实用性强、操作性强的相关产品。本单元不仅训练学生的思维能力与表达能力，而且让学生借助更丰富、更实用的表达手段，最终形成可以实现的节目构思，服务于社会。在训练中注意以下几个方面。

(1)鼓励学生研究、分析、总结现有的节目形式，可以参考相关的论文、资料，并在此基础上进行创新；拒绝空说、瞎说、假说。

(2)尽量帮助学生优化想法、细化方案，在适当的环节给予人力、物力的帮助。

(3)课堂教学中以学生说构思、教师看成果为主，鼓励学生课下通过各种平台将其展示、落地、推广，最好可以形成学生创业项目。

课堂训练一："生活中的艺术"

引导学生注意语言表达结构。

开头：对生活中的绘画艺术的发现。

中间：生活中西方绘画元素的具体存在(教师详细示范，可加辅助道具)，阐述延伸设计的产品构想。

结尾：总结自己对绘画的认识。

课堂训练二："泛媒体设计"

开头：让学生从五个平台(传统媒体、公众号、网络视频平台、网络直播平台、演出平台)中选择一个平台进行深入思考，尝试探讨一个现象级话题。

中间：详细介绍自己的一个泛媒体产品构想(产品名称、产品受众、产品价位、产品中艺术元素的植入、产品周边)，制作一期节目或一份工作流程单。

结尾：总结本产品的特点，补充可能遇到的问题，畅想未来的实际效果。

主持人思维训练课感言

罗共和
四川电影电视学院原校长

黄元文
四川电影电视学院董事长

翁如教授这本书是从二十多年前开始筹划的,那时,许多人惊讶,四川师大影视学院竟在播音与主持艺术专业开设思维课。

感谢翁如教授的智慧和勇敢。

纵然百家之说各有争鸣,但经历了二十多年教学,培养了一批又一批电台、电视台主持人,《主持人思维训练教程》也对高等教育产生了影响,这是值得关注和欣慰的。

——罗共和　黄元文

杨乐乐
湖南卫视节目主持人
四川师范大学电影电视学院
1998 届毕业生

听说《主持人思维训练教程》即将出版，我非常高兴。当初跟随翁如老师学习思维课的情形还历历在目。很多同学开始并不能组织出精彩的口语表达作品，老师布置的作业也让大家觉得很难。但翁老师的训练方法让我们感到新奇和刺激。渐渐地，同学们的胆子大了，自信了，上课时也争先恐后地回答问题……通过思维课上的锻炼，同学们有了很大的进步。

进入湖南卫视以后，思维课上学到的那些思维方法更让我受益匪浅。主持人是一种具有挑战性的职业，思维课是一门帮助你接受挑战的课程。感谢翁如老师在实践中研究出这门课，也希望通过思维课教学为社会培养出更多优秀的主持人！

——杨乐乐

谢　娜
湖南卫视节目主持人
四川师范大学电影电视学院
1998 届毕业生

优秀的主持人要有活跃的思维能力、灵活的应变能力和准确的语言表达。无论面对哪种节目，这都是必不可少的。在思维课上，我的口语表达能力得到了很大的提高。不仅如此，大量知识的补充增加了我的积累，思维方法的训练提高了我的创新能力。敏捷的思维能力蕴含着大量的潜能，总能带来与众不同的灵感和思路。

非常感谢翁如老师的教诲，感谢母校对我的培养。相信这本教材的面世一定会受到大家的欢迎，满足播音与主持艺术专业老师和同学们的需求。

——谢　娜

活跃的思维和敏捷的反应是主持人的必备素质,自如的舞台掌控源于灵活的思维。对将来从事播音主持工作的学弟、学妹们来说,进行思维训练是非常必要的。

——廖三怡

廖三怡
成都宽窄文创产业投资集团有限公司董事长
曾任成都电视台节目主持人
四川师范大学电影电视学院2001届毕业生

一般来说,语言的发展水平标志着思维的发展水平。作为一名主持人,对一件事、一个人、一个物体有了感悟之后,不能像普通观众一样只停留在“想法”上,“心动还要行动”,要把多角度的思维变成生动的、富有感染力的、能引起观众共鸣的语言,这是主持人的职责。因此,思维课是播音与主持艺术专业学生的必修课。

——郭　津

郭　津
四川电视台节目主持人
四川师范大学电影电视学院2003届毕业生

郑 毅
节目制作人，策划人，中国美学硕士，中国古代文学博士
曾任中央电视台主持人、陕西卫视副总监等
四川师范大学电影电视学院2004届毕业生

主持人的核心竞争力在于思维和语言。

思维是内容，语言是形式；

思维是基础，语言是创造。

思维就是“想得到”，语言就是“说得好”。

二者血脉相连，共同支撑起一个主持人的形象。这种“形象”比外在的长相、扮相更深入人心，是主持人的标识所在。

在我看来，好的思维包含四大要素。

一是角度。贵在个性而需认同，新颖而不古怪。

二是深度。既要了解现象，又要透析本质。

三是清晰度。先要自己“想得明白”，再要别人“听得明白”。把抽象转化为形象，把杂多转化为纯一，把概念转化为生活。

四是灵敏度。反应要快，迅速分析、迅速判断、迅速整理、迅速表达。

以上这些都是可以训练的。

训练的方法和步骤就在这部书中。

作者翁如老师是我的恩师。她是一个有贵族气质的人，高雅、细致、一丝不苟，又是一个有草根情怀的人，平和、亲切、待人以诚。上大学时，我在她的指导下进行思维训练，她的科学方法以及人生修养对我影响很大。今天，看到恩师的这部书，看到我们昔日的训练经过实践的检验后落实在文字上，将惠及更多追求主持梦想的朋友，我不胜欣喜。

祝所有使用这部书的朋友稳扎稳打、学有所成。

祝翁老师夫妇幸福平安、健康长寿。

——郑 毅